美国小学主流科学教材

【美】杰伊·哈克特 等著
张 俊 邓小耶 等译
郝京华 审定

生物 3
Living Things

浙江教育出版社·杭州

本版特色

- 兼顾授受式学习内容和探究式调查活动。
- 采用5E（Engage参与，Explore探究，Explain解释，Extend/Elaborate拓展，Evaluate评估）研究型教学模式。
- 增加工程和设计版块。
- 培养21世纪技能，如创新创造能力、协作能力、沟通能力、批判性思维与解决问题的能力等。
- 用个性化的生动图像激发学生的学习兴趣。
- 根据知识深度等级体系（Depth of Knowledge，简称DOK）设计评价和测试。

注：原版书中，A单元、B单元表示该内容属于生命科学领域，C单元、D单元表示该内容属于地球与空间科学领域，E单元、F单元表示该内容属于物质科学领域。中文版对此予以保留。

Program Authors

Dr. Jay K. Hackett
Professor Emeritus of Earth Sciences
University of Northern Colorado
Greeley, CO

Dr. Richard H. Moyer
Professor of Science Education and Natural Sciences
University of Michigan-Dearborn
Dearborn, MI

Dr. JoAnne Vasquez
Elementary Science Education Consultant
NSTA Past President
Member, National Science Board and NASA Education Board

Mulugheta Teferi, M.A.
Principal, Gateway Middle School
Center of Math, Science, and Technology
St. Louis Public Schools
St. Louis, MO

Dinah Zike, M.Ed.
Dinah Might Adventures LP
San Antonio, TX

Kathryn LeRoy, M.S.
Chief Officer
Curriculum Services
Duval County Schools, FL

Dr. Dorothy J. T. Terman
Science Curriculum Development Consultant
Former K-12 Science and Mathematics Coordinator
Irvine Unified School District, CA
Irvine, CA

Dr. Gerald F. Wheeler
Executive Director
National Science Teachers Association

Bank Street College of Education
New York, NY

Contributing Authors

Dr. Sally Ride
Sally Ride Science
San Diego, CA

Lucille Villegas Barrera, M.Ed.
Elementary Science Supervisor
Houston Independent School District
Houston, TX

American Museum of Natural History
New York, NY

Contributing Writer

Ellen C. Grace, M.S.
Consultant
Albuquerque, NM

RFB&D learning through listening

Students with print disabilities may be eligible to obtain an accessible, audio version of the pupil edition of this textbook.
Please call Recording for the Blind & Dyslexic at 1-800-221-4792 for complete information.

connectED.mcgraw-hill.com

STEM McGraw-Hill is committed to providing instructional materials in Science, Technology, Engineering, and Mathematics (STEM) that give all students a solid foundation, one that prepares them for college and careers in the 21st century.

Send all inquiries to:
McGraw-Hill Education
8787 Orion Place
Columbus, OH 43240

ISBN: 978-0-02-136121-2
MHID: 0-02-136121-5

Printed in the United States of America.

5 6 7 8 9 10 11 12 QVS 25 24 23 22 21 20 19 18

Content Consultants

Editorial Advisory

American Museum of Natural History — **The American Museum of Natural History in New York City is one of the world's preeminent scientific, educational, and cultural institutions, with a global mission to explore and interpret human cultures and the natural world through scientific research, education, and exhibitions. Each year the Museum welcomes around 4 million visitors, including 500,000 schoolchildren in organized field trips. It provides professional development activities for thousands of teachers; hundreds of public programs that serve audiences ranging from preschoolers to seniors; and an array of learning and teaching resources for use in homes, schools, and community-based settings. Visit www.amnh.org for online resources.**

译 序

一部好教材欲保持其生命力的重要举措就是要不断地与时俱进，要随着社会的变迁、学术的进步不断地吐故纳新。浙江教育出版社引进出版的《科学启蒙(第二版)》就是这样的一部好教材。

比较这套教材的两个版本，不难发现，第一版显然依据的是1996年美国颁布的科学教育标准。1996年的科学教育标准有三个重要特点：(1)明确科学教育的目标是培养所有学生的科学素养（美国曾经有过把培养科学家作为科学教育培养目标的历史）；(2)强调要把科学本身的实际做法，即科学探究也作为科学教育的内容；(3)将科学课程的内容按“生命科学、物质科学、地球与空间科学”三个领域加以划分。第一版的《科学启蒙》较好地落实了课程标准的这些理念。

第二版依据的是美国2013年颁布的《新一代科学教育标准（NGSS）》。和1996年课程标准相比，2013年的标准有三个显著变化。(1)将科学探究扩充为“科学与工程实践”，明显强化了运用科学概念解决实际问题能力的培养。(2)强调科学大概念。标准提出了判断大概念的4个原则：①具有学科的意义，具有跨越多个学科领域的广泛的重要性，或者是本学科中组织相关知识的关键概念；②具有解释力，能解释许多现象；③具有生成性，能为理解和探究更多的概念和解决问题提供关键的工具，与社会、家庭相关；④能从幼儿园到高中螺旋上升。(3)强调了学科间的融合，不仅是科学、技术、工程、数学的融合，还有科学、语文、数学的融合。

第二版的《科学启蒙》教材真的是在与时俱进。首先，它在继续强调科学探究的同时，大大强化了工程设计部分，不仅在各领域各章节中增加了运用相关知识解决实际问题的机会，还在“做一名科学家”版块增添了有关工程设计的“聚焦技能”。第二，在强调科学大概念方面，教材不仅在各章节都有科学大概念的明确标示，还在各章结尾之处增加了科学概念和技能的测评。第三，在学科融合方面，教材不仅强化了科学阅读（包括文和图）和科学写作的指导，还强化了数学意识和能力的培养。

《科学启蒙》这套教材还有一个突出的亮点就是它精彩的图片。大量有视觉冲击力的照片和灵动的排版为教材增色不少，让人爱不释手。

它山之石，可以攻玉。中国正在进行着课程改革，也正在努力地缩短与发达国家在教育上的差距，引进国外好的教材不失为一种有效的捷径。不同的群体都可以从《科学启蒙》这套教材中获益。它为教材编写者提供了一个如何将内容与活动结合的范例，它给予科学教师教学活动设计的启迪，它为语文老师提供了如何指导学生科学阅读和科学写作的策略，就连出版社也可以从中获得科学教材排版方面的启示。除此，作为一套学生的科学阅读的材料，它也是一个不错的选择。

只有站在巨人的肩膀上我们才可以实现弯道超车，才可以追赶上发达国家，才可以实现伟大的中国梦！国家如此，科学教育亦然，让我们共同努力！

小学科学课程标准研制组组长、修订组副组长
南京师范大学教科院教授 郝京华

目录

Contents

做一名科学家

A单元　生物

参考

探究活动

做一名科学家

变色龙会通过改变体色来进行交流。

科学方法

看一看，想一想

马达加斯加岛位于非洲，是距离非洲大陆不远的一个热带岛屿。在马达加斯加岛上分布着地球上绝无仅有的动物和植物！住在热带岛屿上会是什么样的体验？你觉得你会在那儿发现什么呢？

探 索

关于生活在马达加斯加的动物，你知道些什么？

- 你会如何在自然栖息地里找动物？
- 你能在森林里找到什么动物？
- 生活在森林里的动物需要具备什么能力？
- 科学家是如何找到这些问题的答案的？

克里斯·瑞斯沃茨

波勒·拉扎菲

有两位科学家，克里斯·瑞斯沃茨和波勒·拉扎菲，主要研究生活在马达加斯加的动物。他们同时为纽约的美国自然历史博物馆和马达加斯加的塔那那利佛大学工作。

科学家做什么？

克里斯和波勒想在马达加斯加寻找一些生活在那里的令人惊奇的动物。马达加斯加的大部分地方从未被科学家探索过，近几年那里持续有新发现的动物物种。

科学方法是科学家调查世界时所使用的方法，科学家使用科学方法来寻找大自然问题的答案。

目前，克里斯和波勒在研究一种叫作大马达加斯加变色龙的蜥蜴。克里斯在森林里发现并研究这种变色龙，他想知道这种变色龙还在哪些地方生活。

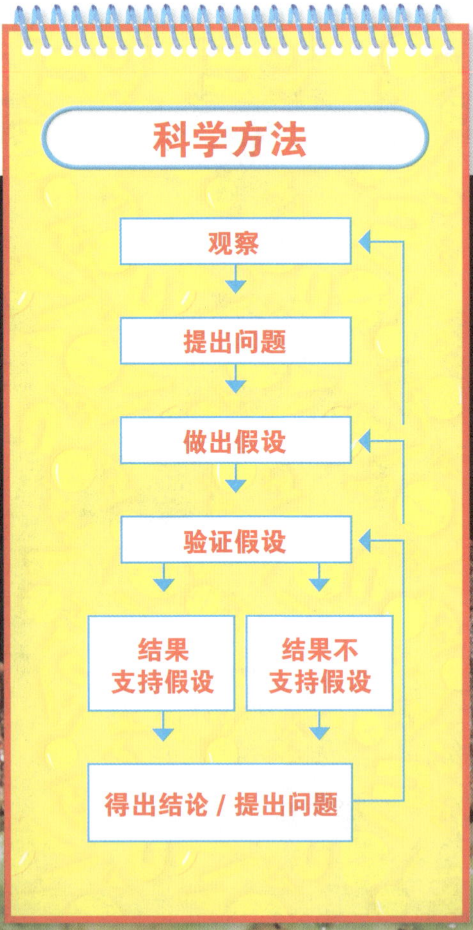

◀科学方法是所有科学家在研究各类问题时都会运用的方法。但是，他们可能不会用到所有步骤，有时步骤的顺序也会不同。

克里斯知道，变量（如温度或降雨）会影响动物的生存。变量是一种可能会使研究结果发生改变的因素。因此，他根据之前所收集的信息做出了假设。假设是一种有待验证的说明，做出假设是为了得到问题的答案。

克里斯的假设是：如果一个地方的温度在 10 ～ 40℃，每年降水量在 500 ～ 1500 mm，那么大马达加斯加变色龙便可在那里生活。

做出假设

1. 提出多个“为什么”的问题。
2. 寻找重要变量之间的联系。
3. 尝试解释这些联系。

▶ 确保这些解释能够被验证。

▼ 大马达加斯加变色龙

科学家如何验证假设？

大马达加斯加变色龙大约有一根香蕉那么大，并不算小，但在茂密的森林中其实很难发现它们——它们实在太善于隐藏自己了。马达加斯加当地人说："别浪费时间寻找变色龙了，你永远也找不到它们的。"

那么，克里斯和波勒应该去哪儿寻找变色龙呢？为了找到它们，他们研究了温度和降水量的相关数据。他们把数据输入电脑，绘制了一幅地图。电脑把所有可能出现变色龙的区域都标注成黄色，这些区域和已发现变色龙的区域的温度和降水量相似。克里斯预测，他们如果到这些区域去寻找，就很有可能找到大马达加斯加变色龙。

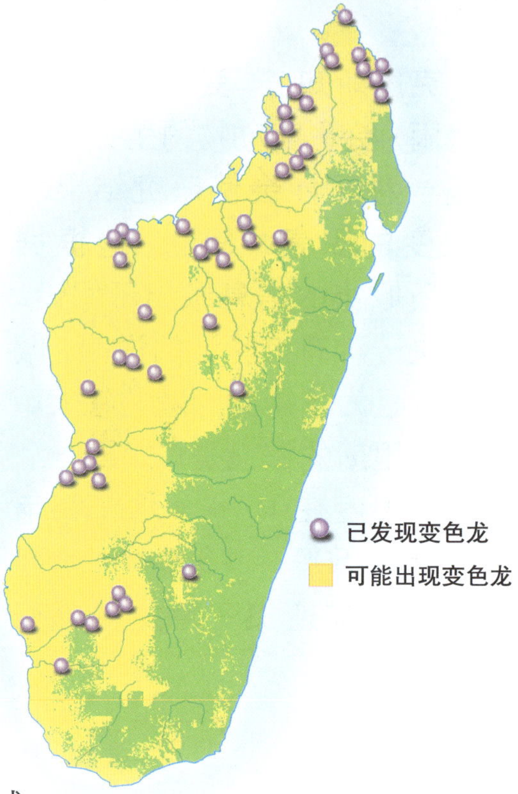

▲图上的紫色圆点是已发现大马达加斯加变色龙的地方。黄色区域是克里斯和波勒认为有可能找到这种变色龙的地方。

◀夜晚，克里斯会使用头灯来寻找变色龙。

克里斯和波勒选择到地图上的黄色区域寻找变色龙。他们在这些地方收集数据，想以此来验证他们的假设。他们采用的方法，其他科学家也可以使用，这样其他科学家也可以来验证克里斯和波勒的结果。

“我们使用头灯在夜晚寻找变色龙。夜晚它们会睡觉，这样更方便我们寻找。”克里斯解释道，“我们在树枝上寻找颜色较浅的逗号形状。”一旦克里斯和波勒找到了一只变色龙，他们会拍下照片并做好详细的笔记。他们在野外日记中记录准确的日期、时间和地点。

验证假设

1. 仔细思考不同的数据，确定哪些可以用来验证你提出的假设。
2. 选择最有效的方法搜集数据。
   - **实施实验**（在实验室里）
   - **观察真实环境**（在自然界）
   - **建立和使用模型**（在电脑上）
3. 制订实验计划，收集数据。

▶ **确保你的实验能被其他人重复。**

无论发现的是大马达加斯加变色龙还是其他种类的变色龙，克里斯和波勒都会认真记录下数据。

克里斯的野外日志

2018年4月9日
安博伊波拉森林
日降雨量：15mm。
温度：20～34℃。下午大雨。

这片落叶林有一些大树和砍伐后留下的树桩，森林边缘被烧毁了。森林中常有人在狩猎。森林中的小溪大多在冬季干涸。

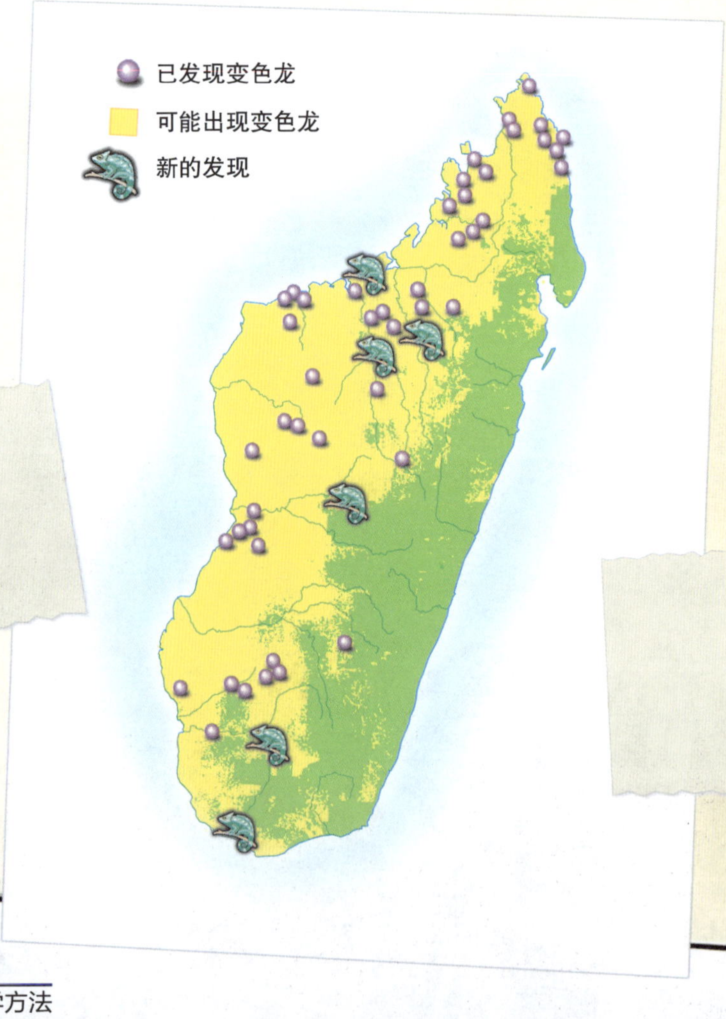

大马达加斯加变色龙
(Furcifer oustaleti)
上午 10:45，在有少量树木的草地上找到的。同时发现的还有 17 枚蜥蜴蛋，蛋的大小约为 14 mm×8 mm。

马达加斯加日壁虎
(Phelsuma madagascariensis)
上午 11:30，
在小溪边的树丛中发现的。

分析数据

1. 把数据整理成概念图、表格、地图或组图等。
2. 寻找数据中的规律。这些规律能够显示假设中的重要变量如何相互影响。

- 将所得数据与其他来源的数据进行比较，以此来检查数据。

科学家是如何分析数据的？

在验证假设的过程中，重要的一环是从收集到的数据中寻找规律。克里斯和波勒对他们收集到的数据进行了研究，这些数据都是他们在寻找蜥蜴的过程中收集的。他们在地图上标注出 6 个新发现大马达加斯加变色龙的地方。接着，他们开始尝试从数据中寻找规律。

他们集中讨论新发现大马达加斯加变色龙区域的温度和降水量。

科学家是如何得出结论的？

克里斯和波勒在预测区域找到大马达加斯加变色龙了吗？找到了！结果支持了他们的假设。符合一定温度和降水量条件的地方，就可能会有大马达加斯加变色龙栖息。

克里斯和波勒发布了他们的研究结果，以便别人能够从中学习。了解变色龙的栖息地，有利于科学家保护它们的家园。“这有利于生物学家为马达加斯加制订生物保护计划。”波勒说道。

▼马岛缟狸

克里斯和波勒的结论又让他们想到了新的问题：还有哪些其他变量会影响大马达加斯加变色龙的生存呢？这几页中出现的动物都生活在马达加斯加。科学家也能按照同样的科学方法研究这些生物吗？在马达加斯加岛，哪里动植物最密集？新的问题能够引出新的假设，并激发人们对新事物的好奇。深入了解生活在马达加斯加的动物，人们就可以更好地制订计划来保护它们。

得出结论

1. 判断这些数据是否能够清楚地支持或反对假设。
2. 如果结论不明确，回想一下假设是如何被验证的，并制订一个新计划。
3. 写下结论，与他人分享。

▶ 一定要提出问题。

想一想，说一说，写一写

1. 为什么科学方法对科学家的研究有着举足轻重的作用？
2. 对于这些动物你还有什么问题？选择其中一种，并提出可被验证的假设吧。

▼千足虫

环尾狐猴▶

科学技能

海星

科学家在运用科学方法时，还用到了许多技能。通过使用这些技能，科学家可以更好地收集信息，回答他们对于周围世界的问题。以下是他们用到的一些技能。

观察　运用感官来了解事物或现象。

做出假设　做出能够回答某个问题的说明，这种说明能够被验证。

交流　和他人分享信息。

分类　根据事物的特点、种类或性质等进行分组。

运用数字　用排序，计数，加、减、乘、除等数学方法来解释数据。

制作模型　模型可以用来展示物体的外观或工作原理。

蜥蜴

金鱼

甲壳虫

动物	我观察到的

▲ 观察这两页的动物，并绘制表格交流你的观察结果。

刺猬

蜻蜓

鹦鹉

使用变量 分析出可以改变某个实验结果的条件。

解释数据 使用收集到的信息来回答或解决问题。

测量 弄清楚事物的大小、距离、体积、面积、质量、重量、温度等。

预测 预先推测事件或实验的可能结果。

推理 从事件或观察中形成一个想法。

实验 为验证假设而进行一些活动或操作。

蜗牛

动物幼崽

动物	动物幼崽的平均数量
甲壳虫	75
海星	2000000
蜥蜴	14
刺猬	4
羚羊	1

▲ 用这张表格推测动物的大小是如何影响动物幼崽的数量的。

探究技能培养

在本书的每一章中，你都会看到一个“聚焦技能”专栏。这个专栏会帮助你培养科学家所需要的技能。

羚羊

聚焦技能

科学和技术：设计过程

你发明过什么东西吗？如果有，你一定运用过**设计过程**！工程师利用设计过程来发明创造。

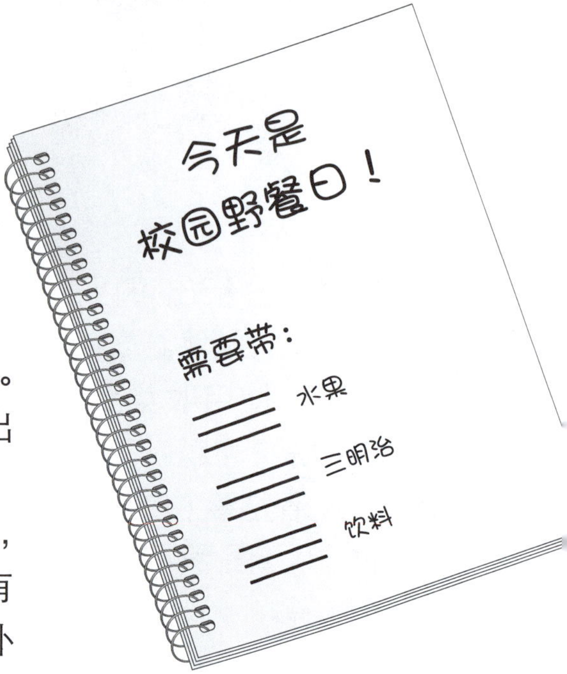

▶ 学习

你可能已经运用过**设计过程**了。你首先要确定一个问题，接着要想出几个可能的解决方案。

有时候，解决方案可能难以实施，它可能耗费太多或材料难以获得。有时候，解决方案可能会出现意料之外的麻烦。有时候，解决方案完全事与愿违。这也就是设计过程需要检验的原因。

▶ 尝试

丽丽做了一个指示牌来告诉大家有关学校野餐的事情。她把指示牌贴在户外，但是被风吹走了。

请帮助丽丽就如何不让指示牌被风吹走这个问题设计三个解决方案。阐述方案并作图。得到老师的认可后，开始检验你的设计。

▶ 应用

解释**设计过程**是如何改善你的生活、你家人的生活和你社区的生活的。

创意设计策略

弗兰德想更换他的自行车轮胎，却不小心将螺栓掉到了下水道里！现在，他无法换轮胎了，他要先找回螺栓。

确定问题

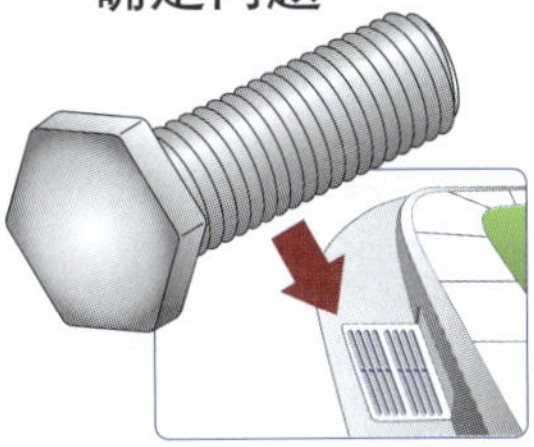

设计解决方案

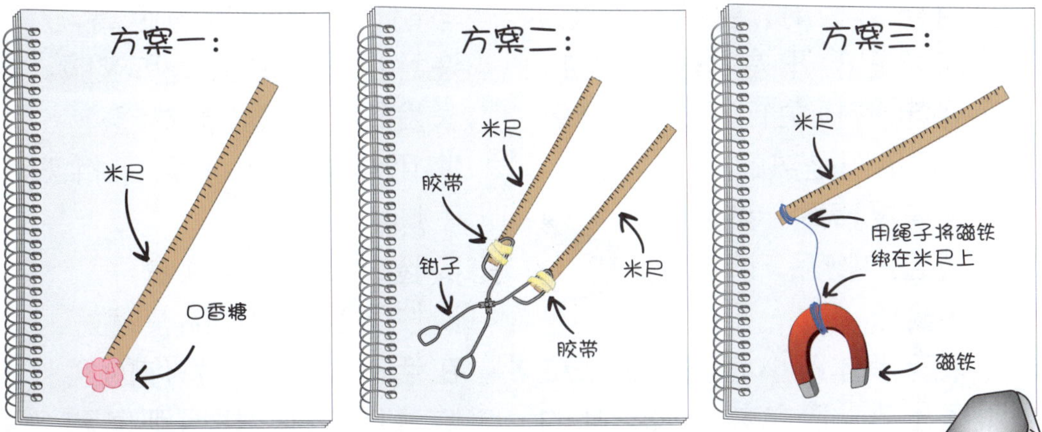

看一看上面的解决方案。弗兰德没有磁铁，没有钳子。但是，他有口香糖。他用一根扁平的棍子代替米尺去尝试实施方案一。方案一成功了！

检验

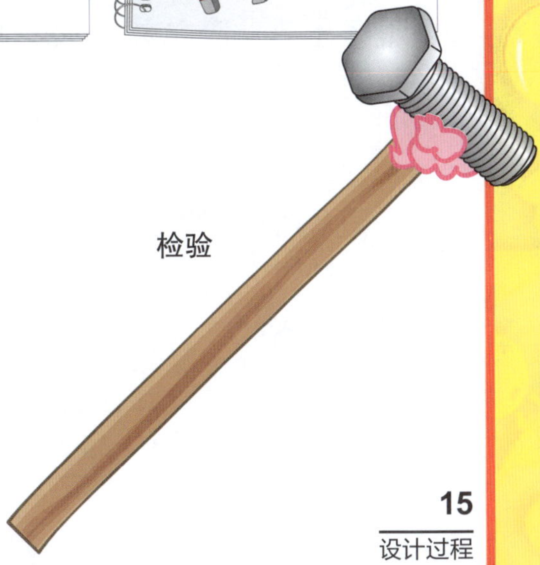

安全提示

室内

- 阅读并理解所有的指导说明。当你看见“△小心”的时候，一定要遵守操作规范。
- 仔细听老师特别说明的注意事项，如果对某些方面不是很清楚，应及时寻求帮助。

- 在活动前，请用肥皂和水清洗双手。
- 使用电热板时，要特别小心。要注意它的开关状态。记住：在将电热板关闭后的几分钟内，它仍旧是热的。
- 如果需要接触一些脏乱或会溅起的物品，请穿上实验服。

- 如果有液体不小心流了出来或溅了出来，请立刻寻求老师的帮助。
- 请按照要求处理废弃物。
- 如果有物品被打碎了，请告诉老师。如果玻璃制品碎了，不要独自处理。

- 当老师要求你佩戴护目镜时，请按要求去做。当你要操作一些可能会飞溅到眼睛里的粉末或液体时，必须戴好护目镜。
- 与明火保持一定的距离，尤其注意保护你的头发和衣服。将长发绑起，将长袖卷起。
- 使用电器时，注意保持双手干燥。
- 实验过程中禁止饮食。
- 请按照要求把物品整理好。
- 在活动结束后，将你的实验区域清理干净，并用肥皂和水清洗双手。

室外

- 与值得信任的成年人一起活动，例如你的老师、家长或其他监护人。
- 在没有得到成年人的允许前，不要触摸动物或植物。动物可能会咬伤你，有些植物可能会有毒。

责任 **请注意尊重生命、爱护环境和你的同伴。**

A 单元

生 物

触摸青蛙并不会让你长疙瘩。

科学和工程

实践：使用模型

模型可以用来展示物体的外观或工作原理。地球仪就是一种模型——它是地球的模型。通过地球仪，你可以更全面地观察地球，直观地看到地球上海洋和大陆的比例。你也可以通过转动地球仪来了解地球是如何运动的。模型还可以帮助你了解生物，你可以借助模型来了解动物身上的器官是如何起作用的。

蜂鸟

鸟喙，即鸟的嘴，鸟的一种器官。鸟喙的形状可以告诉人们它爱吃什么食物：蜂鸟的喙就像一根稻草，你觉得它会如何使用喙？

▶ 学习

下图中的学生正在使用一个模型来研究蜂鸟是如何使用喙的。

这个学生准备了三根不同的吸管和一烧杯糖水。她在每根吸管都吸入糖水后，用手指堵在每根吸管的顶端，再移动吸管，把吸管的底部放入量筒中。最后，松开手指，让糖水流入量筒。

这个模型展示了蜂鸟的喙是如何从花中获取花蜜的，它还探究了怎样的喙可以获得更多的花蜜。

▶ 设计

你的目标是设计一个动物器官的模型来完成一项活动，例如运动、获取食物、喝水或建造住所。和你的同学一起进行头脑风暴，为这个模型选择材料并设计。

头脑风暴往往是从一块白板开始的，你的团队需要：

- 确定问题。
- 提出解决方案。
- 确定所需材料。
- 绘图，并在图片上标注好解释。

使用你能找到的材料来搭建动物器官模型，用手机拍照，记录下每一个搭建步骤。

▲这个小耙子的设计就是在模仿鼹鼠的爪子。

▶ 应用

向全班同学展示你的动物器官模型。展示结束后，和你的团队一起讨论，从设计动物器官模型的过程中学到了什么。最后，你计划如何改良你的设计？

第1章

观察生物

大概念

生物如何获取生存和生长所必需的物质?

基本问题

第1课

生物有哪些特征?

第2课

植物的不同器官各有什么作用?

第3课

动物怎样在不同的环境中生存?

第4课

我们可以根据哪些特征对动物进行分类?

核心词汇

有机体　具有生命的个体的统称。

环境　有机体周围的所有生物和非生物。

细胞　构成生物体的基本组成部分。

光合作用　绿色植物利用光能，把二氧化碳和水合成有机物，同时释放氧气的过程。

脊椎动物　有脊椎骨的动物。

无脊椎动物　没有脊椎骨的动物。

第1课

生物及其需求

非洲纳比斯的水坑

看一看，想一想

地球上到处都有生物和非生物，那么，你是如何分辨生物和非生物的？在这张图里，你能找到多少种生物，又能找到多少种非生物？

探究活动

生物和非生物有什么不同?

目标

了解生物和非生物的不同特征。

活动步骤

1. **预测** 生物之间有什么相同之处?非生物之间又有什么相同之处?
2. 制作表格,表格中设计两列内容:**生物**和**非生物**。
3. **观察** 在学校里找一找、看一看,你可以找到哪些生物,又可以找到哪些非生物?说一说你是怎么判断某一个物体是不是生物的?

步骤 2

生物	非生物

得出结论

4. **解释数据** 生物有哪些特征?非生物又有哪些特征?
5. **交流** 其他同学表格中的内容和你的一样吗?
6. **推理** 生物与非生物有什么不同之处?

步骤 4

进一步探究

拓展实验 阳光照射的情况会影响某一个地区生物的数量吗?你打算如何验证你的假设?

读一读，学一学

基本问题
生物有哪些特征？

词汇
有机体
反应
繁殖
环境
细胞

阅读技能
中心思想和论据

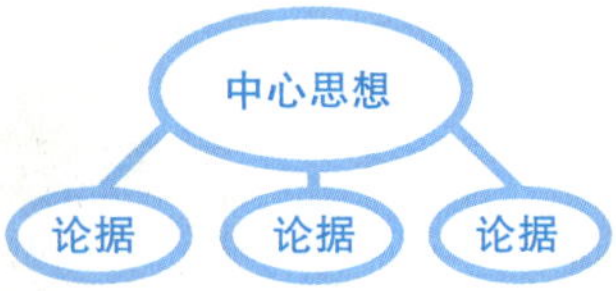

什么是生物？

你知道吗？植物和动物都属于生物。你可以在校园里找到哪些植物和动物？你认为植物和动物有哪些共同的特征？

生物能生长

生物也称为**有机体（organism）**。所有的生物都会利用能量来生长，所谓**生长**指的是随着年龄的变化，生物外观的改变。刚发芽的向日葵植株非常小，而且是绿色的。随着时间的推移，它越长越高，茎也变得越来越粗壮。渐渐的，它顶部长出了大大的花盘。小鸟也会生长，生长过程中，它会逐渐褪去幼时的绒毛，换上强韧的羽毛，同时身体也会越长越大。

生物都能对外界刺激做出一定的反应

生物都能对外界的刺激做出一定的**反应（respond）**。照不到阳光的时候，植物茎的生长会弯曲，寻找阳光，使叶子仍然可以获得足够的阳光；当鸟儿看到猫的时候，会敏锐地意识到自己处于危险之中，马上振翅高飞；在炎热的夏天，老鼠会躲到阴凉的地下去躲避阳光。

生物能生长

读　图

小海鸥长大后会有什么变化？

线索　随着生长，幼小的动物会越来越像它们的父母。

◀龟是卵生动物，新生小龟破壳而出。

生物会繁殖后代

生物会繁殖后代。所谓繁殖（reproduce）是指制造更多自己的同类：苹果树通过生成种子来繁殖，这些种子可以长成新的苹果树；海龟产卵繁殖，小海龟会从卵中孵化出来。

非生物

我们周围到处都是非生物。岩石、土壤和水都是非生物，它们来自大自然。汽车和道路是人类制造的非生物。非生物不同于生物，它们不会利用能量来生长、不能对外界的刺激做出一定的反应，也不会繁殖。

快速检测

中心思想和论据 生物的特征是什么？

批判性思维 玩具是生物吗？为什么？

秋天天气变冷时，这棵树做出的反应是落叶。▶

生物的需求

生物的生存需要食物、水和空间。许多生物还需要空气或水中的氧气。如果一个生物的基本需求得不到满足，它就会死去。

生物可以从环境中获得生存所需的一切，环境（environment）就是指围绕着有机体所有的生物和非生物。

食物

生物需要能量来生存和生长，而能量的来源正是食物。动物通过吃其他生物来获取食物，植物则利用太阳的能量自己制造食物。

▲毛毛虫通过吃树叶来获得生长所需的能量。

水

你知道吗？你体重的一半以上都是水。其实，所有的生物体内都充满了水，生物利用体内的水分解食物、排出废物。生物也会使用水来运输食物。所以，生物需要有规律地摄取水来保持健康。

这些植物吸收环境中湿润土壤里的水。

空气

动物需要氧气才能生存，**氧气**是一种存在于空气和水中的气体。你每次呼吸时都会从空气中获得氧气，而鱼、蛤蜊以及其他大多数海洋动物都能从水中获得氧气。

植物需要氧气和**二氧化碳**，植物能够利用太阳能将二氧化碳和水转化为食物。

空间

生物体需要空间：植物需要空间来生长并获得水和阳光；动物需要空间来运动和寻找食物。不同的生物需要不同的空间：鲸鱼在海洋里遨游，需要数千平方米的海域；金鱼则可以生活在小小的池塘里。

▲儒艮等一部分生活在水里的动物需要经常浮出水面来获取空气中的氧气。

▲狐狸居住在森林里，它们利用洞穴来保障自身的安全。

快速检测

中心思想和论据 生物生存所必需的要素有哪些？

批判性思维 动物在拥挤的环境中可能会发生什么？

迷你实验

观察细胞

1. **观察** 用放大镜观察洋葱切片。你看到了什么？
2. **交流** 画出洋葱切片在放大镜下的样子。
3. **观察** 在显微镜下观察洋葱切片。你看到了什么？细胞之间有空隙吗？

4. **交流** 画出洋葱切片在显微镜下的样子，与刚才画的图进行比较。
5. **推理** 细胞有多小？你需要用什么工具来观察细胞？

生物是由什么组成的？

你见过砖砌成的建筑物吗？这样的建筑物是由一块一块的小砖头建成的，你的身体则是由一个一个叫作细胞的小部件组成的。**细胞（cell）**是生命的基石。绝大多数生物都是由一个或多个细胞构成的。

细胞太小，用肉眼是看不见的。细胞有多小呢？甚至一个小蚂蚁都有数百万的细胞呢！你需要一种叫作**显微镜**的工具来帮助你观察细胞。显微镜可以使微小的物体看起来变得很大。

有些生物是由单个细胞构成的，比如细菌。有些细菌生活在土壤和水中，有些生活在我们的皮肤上或身体内。

快速检测

中心思想和论据 什么是细胞？

批判性思维 你认为细胞生存需要什么？

这些来自茉莉花叶的细胞被显微镜放大了。

课后回顾

摘要

生物都会生长、做出反应和繁殖。

生物需要食物、水和生存空间。

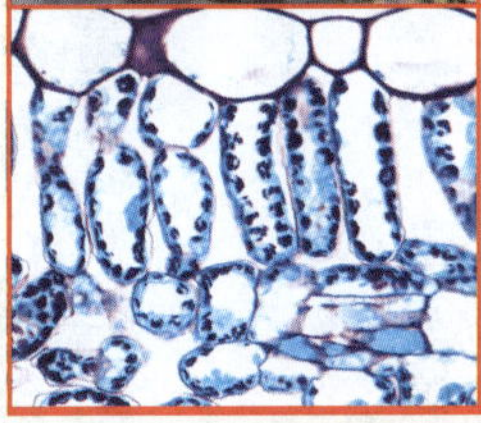

绝大多数生物都是由细胞构成的。

制作 折叠式学习卡

制作折叠式学习卡来总结一下本课中关于生物的知识。

想一想，说一说，写一写

1 **词汇** 什么是环境？

2 **中心思想和论据** 生物生存需要什么？

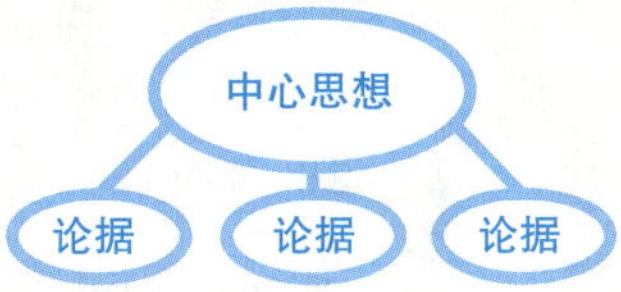

3 **批判性思维** 如果你想在后院种些花草，会做什么准备？

4 **测试** 下列哪个不是人类生存所必需的？

A 空气。

B 水。

C 汽车。

D 空间。

5 **基本问题** 生物有哪些特征？

写作链接

写一个故事

假如你是一只鸟，你的生活需要什么？鸟的生活会和人的生活有什么不同？研究关于鸟类的知识，写一篇关于鸟类生活的故事。

健康链接

食物金字塔

人们需要均衡的饮食才能保持健康，食物指南里用金字塔的形式展示了这种平衡。请进行一些研究来找到“我的食物金字塔”，你可以参考本书中的内容。

真实世界 科学阅读

“吃掉”污染物

你看不到微生物，但它们就在你身边。微生物是非常小的生物，需要用显微镜才能看到它们。除病毒外的所有微生物都是由细胞构成的。

有些微生物是有害的，会使动植物生病；有些则是有利的，可以“吃掉”对动植物有毒害的物质——有些微生物甚至可以帮助清洁地球上的水、土壤和空气。科学家正在研究如何用微生物“吃掉”污染物。

AMERICAN MUSEUM OF NATURAL HISTORY

有些微生物“吃”石油。当石油泄漏到水或土壤里时，会对环境造成很大的危害，这些能“吃”石油的微生物就可以发挥作用。同时，它们“吃掉”石油后留下的废物对环境是安全的。还有一些微生物可以清洁空气。工厂和发电站经常会产生大量含污染物的烟雾，而有些微生物能够“吃掉”烟雾中污染空气的危险化学物质。

分类

- 当你分类时，可以通过比对和对比来了解事物的相似之处和不同之处。
- 也可以根据事物的性质来进行分组。

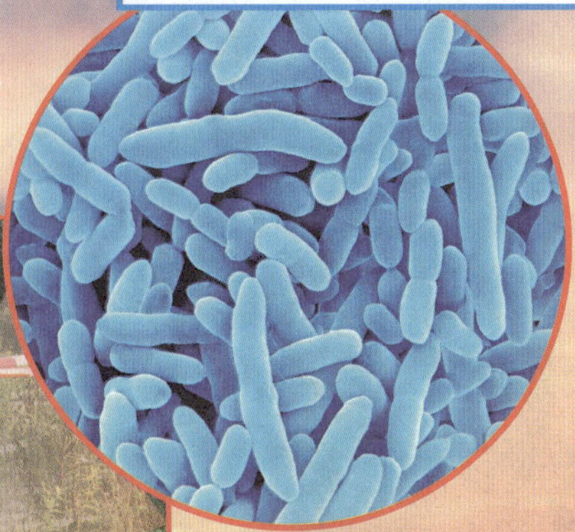

工人向原油泄漏处喷洒微生物，放大的圆形图片展示了人们需要通过显微镜才能观察到的微生物。

写作

分类　正如文中所说的，有些微生物是有害的，而有些微生物是有益的。这就是一种对微生物进行分类的方法。再读一遍这篇文章，想一想还有哪些方法可以用来给微生物分类？把你的想法写下来。

第2课

植物及其器官

看一看，想一想

有些植物能捉苍蝇，有些植物闻起来像腐烂的肉，有些植物一天能长高8厘米。植物形状多样、大小也各不相同。但是，它们有哪些相同的特征呢？

探究活动

植物有什么相同的特征？

目标

了解植物的特征。

活动步骤

1. **观察** 研究每一种植物。哪些植物有叶子？它们的叶子有什么异同？请用文字和图片记录你的观察结果。
2. **推理** 植物的哪个器官生长在地下？这种器官在每一种植物中分别有什么异同？请用文字和图片记录你的观察结果。
3. **观察** 再仔细观察每一种植物。每种植物还有哪些其他组成部分？这些组成部分有什么异同？请用文字和图片记录你的观察结果。

得出结论

4. **推理** 大多数植物是由哪些部分构成的？
5. 植物有什么相同的特征？

进一步探究

拓展实验 不同的植物能在同一种条件下生存吗？为什么？请设计一个实验来验证你的假设。

材 料

放大镜

3 种植物

步骤 1

步骤 2

读一读，学一学

基本问题
植物的不同器官各有什么作用？

词汇
根
营养物质
茎
叶
光合作用

阅读技能
总结

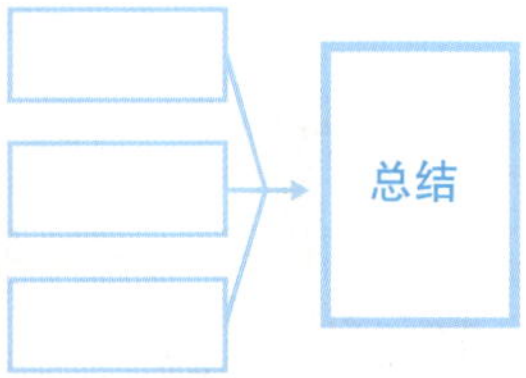

什么是植物？

从高大的树木到矮小的野花，植物有不同的形状和大小。植物有什么相同的特征？所有植物都有一个共同特点：它们都能自己制造食物。大多数植物不用像动物那样吃其他生物来获取能量，它们可以利用太阳能来制造食物。

虽然这些植物有不同的形状和颜色，但是它们都有根、茎和叶。▶

大多数植物还有其他相同的特征，比如：它们都是绿色的，它们都生长在土壤里，它们不能像动物那样随意运动……

许多植物都有相同的基本器官。比如，大多数植物都有根、茎和叶，这些器官能帮助植物获得生存所需要的物质。有些植物有花和果实，有些植物则有球果，这些器官是植物繁殖不可或缺的。

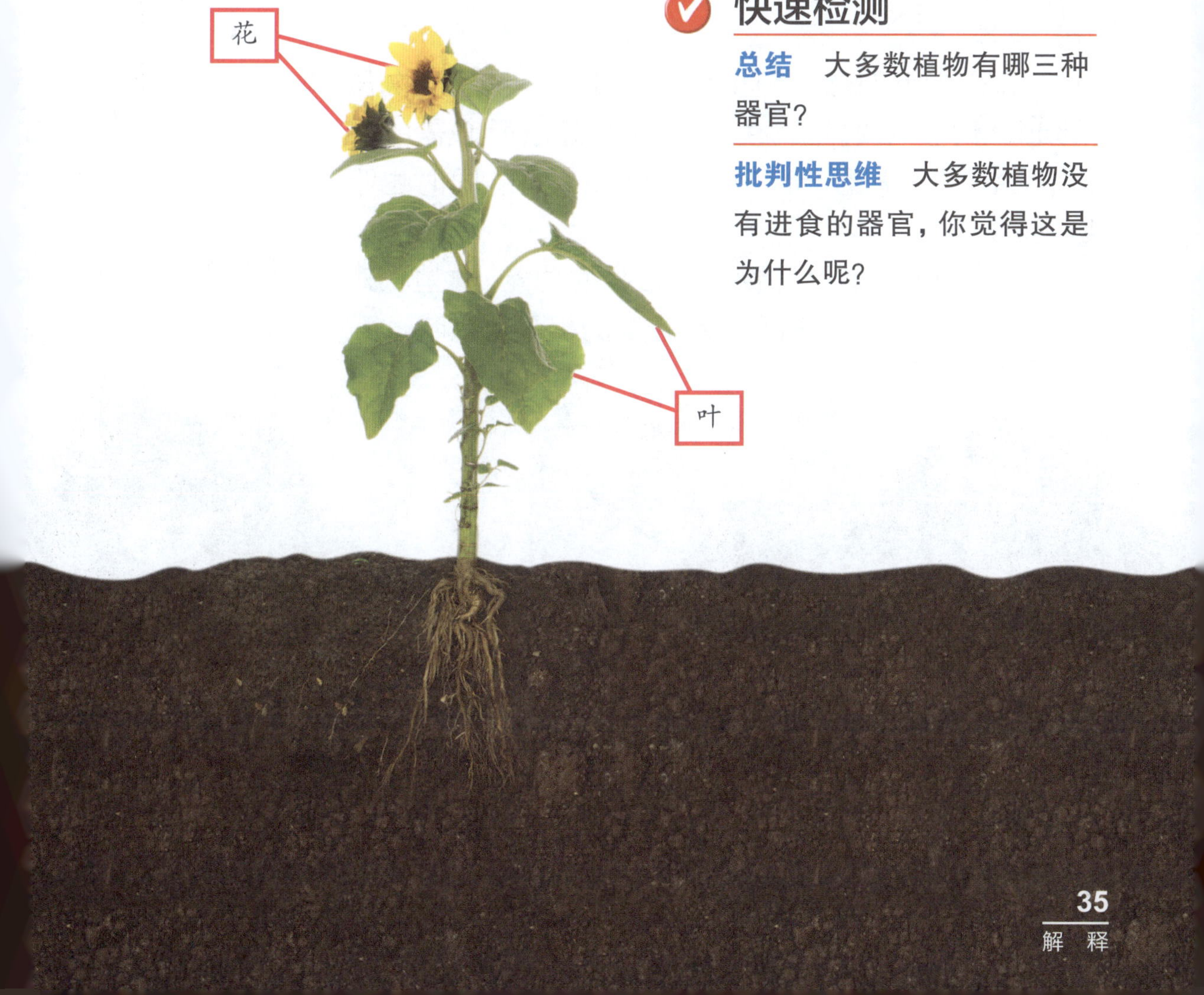

快速检测

总结 大多数植物有哪三种器官？

批判性思维 大多数植物没有进食的器官，你觉得这是为什么呢？

根和茎有什么作用?

大多数植物都有根和茎，这两种器官帮助植物获得生存所需要的物质。

根

植物的生存需要水，它们用根吸水。**根(root)**是固定植物并吸收水分和营养物质的器官。有些植物，如萝卜和甜菜，有肥大的根，这样的根叫作主根。还有一些植物的根要细小得多，这些细小的根能够向土壤深处生长，以便找到藏在地下的水源。这样的植物往往具有强大的根系，使它们可以大面积摄取水。

植物的根也负责吸收营养物质。**营养物质(nutrient)**是帮助生物生长和保持健康所必需的物质，它们是土壤的一部分。根吸收水分的同时也吸收营养。

有些根系具有为植物储存食物的功能，这些根对人也有好处。萝卜、胡萝卜和红薯的根都可以吃。

▲萝卜有一个主根。

▲这种植物有许多细长的根。

椰子树的叶子被风吹动，根却紧紧地扎在沙地里。

茎

茎（stem）是支撑植物的器官，它使植物的叶子可以挺立起来，从而帮助叶子获得更多的阳光。茎还负责将水分、矿物质和光合作用的产物运送到植物的各个部分——它既可以将水分和矿物质向上运输，也可以将植物生产的有机物从叶片向下运输到植物的其他器官。

并非所有植物的茎都是一模一样的：有些植物的茎十分柔软，呈翠绿的颜色，比如郁金香；有些植物的的茎则十分坚硬，比如银杏树。是的，树干就是树的茎。

快速检测

总结　植物的茎有什么作用？

批判性思维　如果一株植物的根出现了问题，会怎么样？

迷你实验

观察植物的茎

1. 拿一根带叶子的芹菜，小心地剪掉底部 5 cm。
   △小心！使用剪刀的过程中，请务必小心。
2. 在塑料罐里装满水，然后在水中加入 5 滴食用色素，用勺子搅拌均匀。
3. **观察**　将芹菜放入罐子中，一天中，隔一段时间观察一次，观察十次。你观察到了什么？
4. **交流**　芹菜的茎有什么变化？画一幅图并配上一段简短的说明，来记录你的实验结果。
5. **推理**　茎有什么作用？

图中的大树有着粗壮、高大、木质的茎，而它旁边的风铃草的茎是柔软、绿色的。

叶有多重要？

不同植物，叶子有不同的大小和形状：松树的叶子像短针，槭树的叶子则又宽又平。不管叶子的大小和形状如何，它们对植物都起着重要的作用——叶（leaf）是植物制造食物的器官。

植物通过光合作用（photosynthesis）来制造食物。在光合作用的过程中，植物利用来自太阳的能量将二氧化碳和水转化为糖，并释放出氧气。糖是植物的食物，为植物生长提供所必需的能量。

槭树叶

松针

光合作用

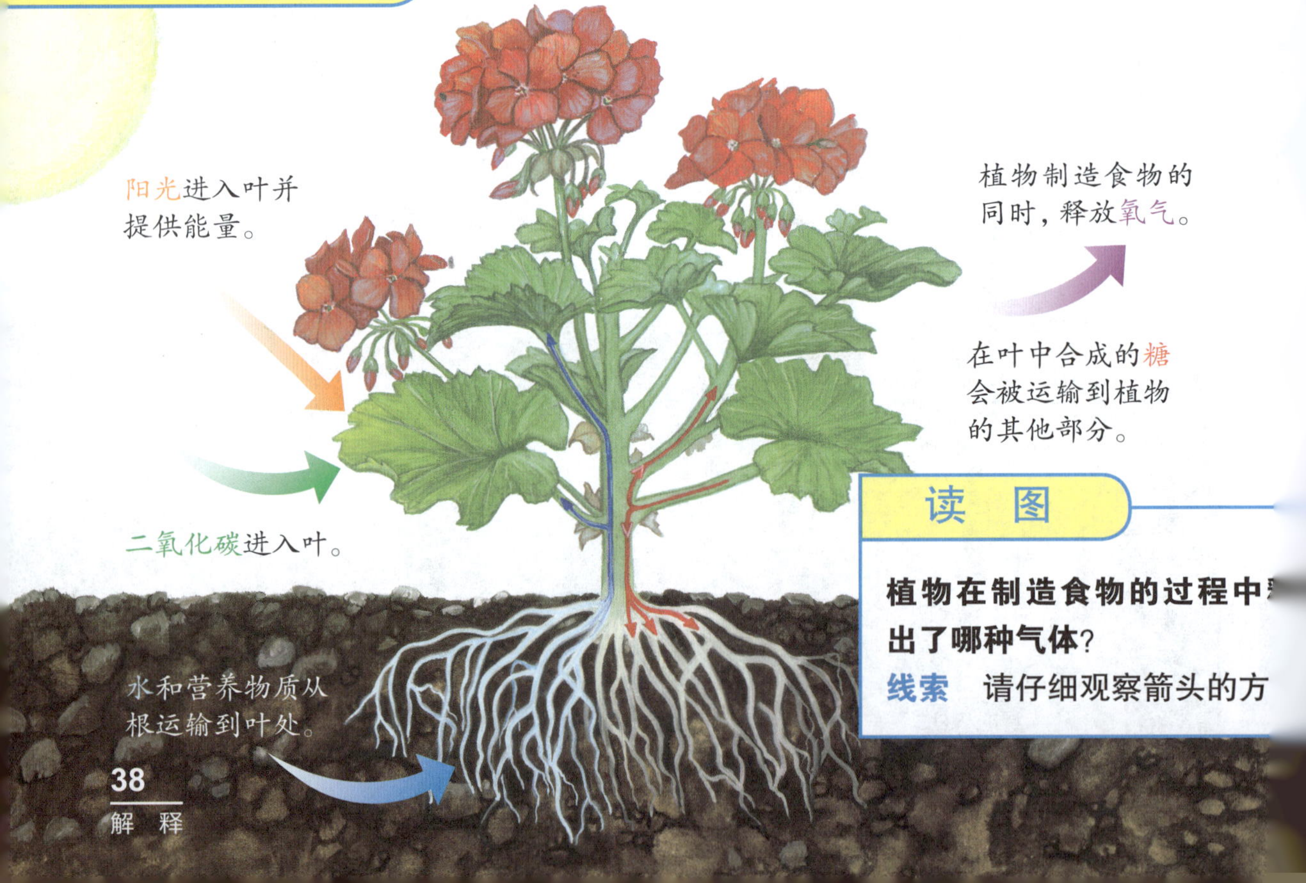

读 图

植物在制造食物的过程中释出了哪种气体？

线索 请仔细观察箭头的方

在这张照片中，你能找到多少种不同形状的叶子？

植物的叶通过气孔吸收空气中的二氧化碳，而叶子中的叶绿素能吸收阳光中的能量，二氧化碳和阳光都是光合作用所必需的。**叶绿素**是植物细胞内的一种物质，因为叶绿素的存在，叶子才呈绿色。

在光合作用的过程中，植物会释放氧气。人和动物都需要氧气才能生存。呼吸时，你就会吸入由植物产生的氧气。

▲ 这张照片展示的是显微镜下的叶子，你可以看到叶子上有气孔。

快速检测

总结 叶对植物的生存起到了怎样的作用？

批判性思维 过度砍伐树木，大气会发生什么变化？

真相 植物也需要氧气。

植物的分类

开花	不开花

樱花树	银杏树

仙人掌	紫杉树

南瓜	松树

该如何对植物进行分类?

地球上有成千上万种植物。科学家需要将这些植物分类，进而研究它们。这样，他们可以集中精力一次只研究同一类的植物。

科学家常常根据植物的器官来对它们进行分类，也可以根据根、茎、叶的类型或根据植物是否开花进行分类。左边的图就是几个开花和不开花植物的例子。那么，你会根据什么来对植物进行分类呢?

快速检测

总结 请列举植物分类的两种依据。

批判性思维 为什么科学家要对植物进行分类?这样做的意义是什么?

课后回顾

摘要

植物的器官可以帮助它们生存，大多数植物有根、茎和叶。

根吸收水分和营养物质，并能固定植物；茎运输水和养料，支撑植物以便获得阳光。

叶是植物制造食物的场所。植物利用阳光、二氧化碳和水来制造食物。

制作 折叠式学习卡

制作折叠式学习卡来总结本课关于植物及其器官的知识。

想一想，说一说，写一写

1 **词汇** 什么是光合作用？

2 **总结** 植物的器官是如何帮助它生存的？

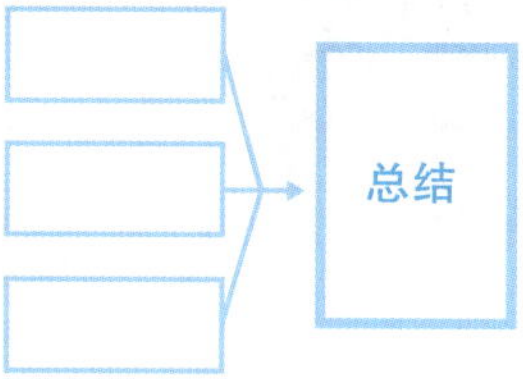

3 **批判性思维** 植物与动物有什么异同？

4 **测试** 根的主要作用是什么？

A 使植物变绿。

B 吸收水分和营养物质。

C 产生种子。

D 吸收阳光。

5 **基本问题** 植物的不同器官各有什么作用？

写作链接

写科学小短文

假设你正在照料一株植物，写一篇小短文，介绍一下你计划如何确保它可以获得生长所需的各种物质。

数学链接

植物的种类

在你家附近找到十种植物的叶子。根据叶子的大小将它们分类。每类有多少种？你还可以怎样给这些植物分类？请用图表的形式展示你的分类。

科学探究

材 料

4 株相同的植物

量杯和水

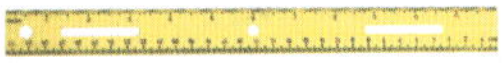

尺子

结构化探究

植物生存需要什么？

做出假设

植物生存需要光吗？需要水吗？写一个假设，可以用这样的句子“如果植物得不到光和水，那么……”开始。

验证假设

1. 如右图所示，标记 4 株相同的植物。

有光有水	有光无水
有水无光	无光无水

2. **观察** 这些植物的外观怎么样？它们有多高？测量它们，并在图表中用文字和图片记录下你的观察结果。

步骤 2

3. 把贴有“无光”的植物放在黑暗的地方，比如壁橱里。把贴有“有光”的植物放在阳光充足的地方，比如窗台上。
4. **预测** 你认为不同植物分别会发生什么变化？写下你的预测。

5 **观察** 给贴有“有水”的植株定期浇足够的水，定期观察这些植物，用图片和文字记录下你的观察结果。

得出结论

6 **解释数据** 2 周后，哪棵植物长得最高？哪棵植物生长得最茂盛？请用图表记录下你的观察结果。

7 植物生存需要什么？

指导性探究

植物生存还需要什么？

做出假设

植物生存需要空气吗？需要土壤吗？提出你的假设。

验证假设

设计一个实验来验证你的假设。想一想你需要用到以下哪些材料。写下你将遵循的实验步骤。

- 2 株相同的植物
- 凡士林
- 量杯
- 水
- 土壤

得出结论

实验结果支持你的假设吗？为什么？和同学们分享你的研究。

开放性探究

关于植物的需求和器官，你还有什么问题吗？和大家讨论并选择一个问题进行探究。你准备如何解答这个问题？请记住，一次实验中只能测试一个变量。

请记住要遵循科学过程。

提出问题
↓
做出假设
↓
验证假设
↓
得出结论

第 3 课

动物及其器官

看一看，想一想

这只树袋熊有强壮的手臂和牙齿来帮助它摄取食物，那么，所有的动物都使用相同的器官来获得它们需要的东西吗？

探究活动

动物的器官是如何帮助它满足需求的?

目标

观察一只蜗牛，了解它的器官。

活动步骤

1. **观察**　观察塑料容器里的蜗牛，它有哪些器官？你看到蜗牛的腿或者眼睛了吗？

   ⚠ 小心！尽量不要接触到动物。

2. 画出你观察的蜗牛并在图片中标出蜗牛的各个器官。
3. **预测**　哪些器官有利于蜗牛运动？哪些器官有利于蜗牛获得食物或保障安全？
4. **实验**　用棉签轻轻触碰蜗牛，观察并记录蜗牛的反应。
5. **实验**　将湿纸巾放入塑料容器，观察并记录蜗牛的反应。然后，改将一片生菜叶放入塑料容器，观察并记录蜗牛的反应。

得出结论

6. **交流**　在你的画上圈出蜗牛用来运动和吃东西的部位（如果它吃东西了）。用一段文字来描述它对环境变化的反应。
7. **推理**　想一想你见过的其他动物，如仓鼠、鸟和鱼，它们和蜗牛有相同之处吗？它们用什么器官来满足日常生活所需？

进一步探究

拓展实验　蜗牛对光照和黑暗有反应吗？制订一个实验计划来找出答案吧！

材　料

蜗牛

透明的塑料容器

棉签

纸巾

水

生菜叶

蜂鸟通过快速拍打翅膀，像直升机一样悬停在空中。

读一读，学一学

基本问题

动物怎样在不同的环境中生存？

词汇

肺

鳃

栖所

阅读技能

比对和对比

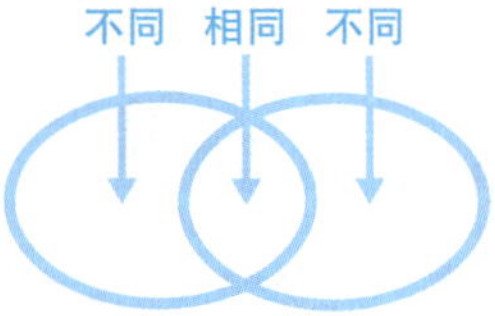

胡蜂在蜂巢周围感觉到危险时，会群起攻击。

什么是动物？

蜗牛、大象、蚂蚁有什么共同的特点？它们都是**动物**。那么，动物和植物有什么不同之处呢？

动物有一些共同的特点。大多数动物都能运动，鸟会飞，狐狸会跑，鲨鱼会游泳。与植物不同，动物不能自己制造食物，它们必须吃其他生物来获取营养和能量。

动物对环境的反应比植物更为明显，它们用感官获取信息：当狼看到、听到或闻到其他狼靠近自己的幼崽时，它会嚎叫；蛇觉得冷的时候会移动到阳光下；猫感到饥饿时会去寻找食物。

动物的某些器官可以帮助它们获得日常所需——腿、鳍、翅膀和尾巴正是这样的器官。

动物怎样运动?

动物运动往往是为了寻找食物和水，它们搬家往往是为了躲避危险。动物可以用脚、腿、尾巴、翅膀或其他器官来运动。

像狼、猎豹和家猫这样的动物有强壮的腿来奔跑和跳跃，又大又粗的爪子可以帮助它们保持平衡。

有些动物没有腿也能运动自如。蜗牛会分泌黏液帮助自己滑行——它会用腹部的肌肉推动自己向前走；蛇通过蠕动使身体前进；鸟用翅膀在空中飞行。

▲蛇在沙地上爬行，留下了痕迹。

快速检测

比对和对比 动物有哪些不同的运动方式?

批判性思维 你是如何判断猫是否属于动物的?

狼用它强壮的后腿蹬地，这样它可以跑和跳。

▲这只松鼠用它的爪子和尖利的牙齿吃橡果。

动物如何获取日常所需?

动物的生存需要水、食物和氧气，它们借助身体器官来获得这些东西。

获得水和食物

有些动物用长长的舌头舔水；鸟儿用喙衔水；大象用鼻子吸水，然后把水倒进嘴里。

同样的器官还可以帮助动物们获得食物：狮子的舌头表面粗糙，便于把肉从猎物身上刮下来；鸟儿用喙抓取虫子或种子；大象用鼻子把植物卷入嘴里。

狮子和许多动物都有又长又尖的牙——锋利的牙齿是撕咬的利器；还有一些动物用扁平的后牙咀嚼食物；某些动物强壮的下颚也可以帮助它们咀嚼食物。

◀狮子用它的大舌头喝水。

获得氧气

动物靠呼吸获得氧气。许多动物用肺呼吸，肺（lung）是从空气中吸收氧气的器官。鱼用鳃获取氧气，鳃（gill）是从水中吸收氧气的器官。

有些动物没有肺或鳃也能呼吸，例如，蠕虫和蝾螈通过皮肤呼吸。

快速检测

比对和对比 肺和鳃有什么相同之处？又有什么不同之处？

批判性思维 你用什么器官来吃饭？

迷你实验

观察动物的器官

1. 在网上或书中找一张海豚的照片。
2. **推理** 观察海豚的器官，并思考。海豚是如何使用尾巴的？它是如何使用气孔的？它使用哪些器官来获取食物？
3. **交流** 制作一个表格来展示每个器官是如何帮助海豚满足日常生活需求的。

呼吸和运动

呼吸 水通过鱼的嘴进入鳃里，鳃可以从水里吸收氧气。

运动 鱼摇动强劲的尾巴就可以向前运动，鱼鳍帮助鱼游向食物或远离危险。

读 图

哪两个器官可以帮助鱼获得氧气？

线索 请注意图片中的器官名称。

▲鸟筑巢以保障雏鸟的安全。

动物如何保障安全?

动物需要在环境中保障安全，它们必须保护自己免受恶劣天气或其他动物的伤害。有些动物通过寻找安全的地方或**栖所**（**shelter**）来保障安全，有些动物则有可以自我保护的器官。

一些动物在田地里找到了栖所：土拨鼠用爪子挖出用于安身的洞穴；蜥蜴把身体摊平，在岩石下爬行。

还有一些动物用树木或其他植物来建造栖所：鸟儿筑巢为雏鸟遮风挡雨——它们用喙和脚收集建筑材料。

有些动物有自我保护的器官：豪猪的尖刺可以帮助它们避免被其他动物捕食；蜗牛有坚硬的外壳；还有一些动物的皮毛可以保护其免受寒冷。

▲小袋鼠在妈妈的育儿袋中十分安全。

快速检测

比对和对比 请描述动物保障安全的两种不同方法。

批判性思维 请举出一种你日常生活中熟悉的动物，说一说它是如何保障安全的。

课后回顾

摘要

所有的动物都有一些相同的特点，大多数动物都有帮助它们运动的器官。

动物也有帮助它们获得食物、水和氧气的器官。

有些动物通过寻找安全的栖所来保障安全，还有一些动物则有自我保护的器官。

制作 **折叠式学习卡**

制作折叠式学习卡来总结本课有关动物及其器官的知识。

想一想，说一说，写一写

1. **词汇** 栖所是指什么？
2. **比对和对比** 动物的需求和植物的需求有什么相同之处？又有什么不同之处？

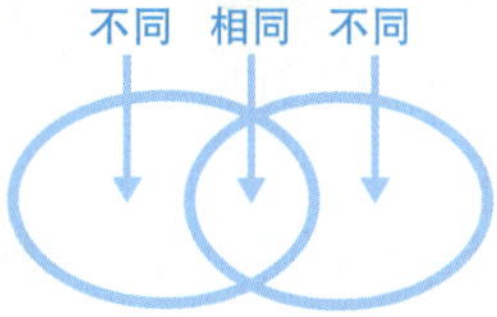

3. **批判性思维** 长长的腿对于生活在池塘中的鸟有什么用呢？
4. **测试** 动物不可以用下列哪种器官获得氧气？
   A 肺。
   B 鳃。
   C 眼睛。
   D 皮肤。
5. **基本问题** 动物怎样在不同的环境中生存？

写作链接

描述对比

选择两种动物，想一想：它们有什么相同之处？又有什么不同之处？写一篇短文来比较这两种动物，并说明如“它们是怎样满足自身需求的”之类的问题。

社会链接

世界各地的房子

人类也需要栖所来躲避危险以及恶劣的天气。研究世界各地的房子，不同地方的房子有什么相同之处？又有什么不同之处？

聚焦技能

探究技能：分类

地球很大很大，数以百万种的生物居住在地球上不同的环境中。面对这么多的生物和它们生存的环境，科学家怎样才能更好地了解它们呢？科学家日常工作中很重要的一件事就是分类生物。

▶ 学习

分类时，把相似的事物分成一组。分类是组织和分析事物的有力工具——研究几组相似的东西要比研究上百万个单独的个体要容易得多。

▶ 尝试

科学家对植物进行了分类，也对动物进行了分类。你也可以试试看！

1. 首先，观察下一页出现的动物，找到它们的相同点。
2. 现在试着设定一个分类标准。你打算用什么特征来给它们分类？让我们试一试“翅膀”这个特征吧。哪些动物有翅膀？哪些动物没有翅膀？制作一个表格向同学展示你的分类。

有翅膀	没有翅膀

鸵鸟

▶ 应用

用你自己的标准分类以下动物。

鱼

鹰

青蛙

猫

变色龙

蝴蝶

熊

羊

蛇

松鼠

虎

蜻蜓

第 4 课

动物的分类

看一看，想一想

你能在这张照片中找到两种动物吗？我们很容易找到图上的橙色小丑鱼——它们就藏在绿色东西之间。但是，这些绿色的东西也是一种动物哦！世界上有许多动物，你该怎样分辨它们是相似还是不同？

探究活动

如何分类动物？

目标

将具有相同点的动物分为一类。

活动步骤

1. **观察** 观察每种动物，它们都有什么器官？每种动物都有腿吗？如果有，有几条？每一种动物的头和身体都有明显的界限吗？
2. **交流** 制作一个如右所示的表格，用文字和图片来描述每种动物的特征。
3. **分类** 把这些动物分成几类。你可以利用表格中的信息来帮助你分类。分类动物的方法只有一种吗？

得出结论

4. **解释数据** 哪两种动物最相似？
5. **交流** 你是用什么标准来分类动物的？你为什么选择这种方法来分类？

进一步探究

分类 你划分的类别中还可以包括哪些动物？为每一种分类再举几个例子。以后，每当遇到新发现的动物的时候，你也可以尝试给它归类。

材料

4个塑料容器

放大镜

蠕虫

甲壳虫

蜗牛

蚂蚁

步骤 1

步骤 2

	甲壳虫	蜗牛	蠕虫	蚂蚁
脚	6			
触角	2			
头				
口				
眼睛				
壳				

读一读，学一学

基本问题

我们可以根据哪些特征对动物进行分类？

词汇

脊椎动物
无脊椎动物
外骨骼
鸟
爬行动物
两栖动物
鱼
哺乳动物

阅读技能

分类

该如何分类动物？

动物长什么样？这个问题可没有一个统一的答案。老虎、蚂蚁、青鸟和鲨鱼都是动物。它们都会对周围的环境做出反应，它们也都会繁殖，有相同的基本需求。然而，它们又十分不同。科学家将动物分成不同的种类，这样更便于深入研究它们。科学家分类动物的一种方法是根据它们的器官情况。

脊椎是一种分类动物常用的器官，脊椎是由许多沿着动物背部中心排列的小骨头构成的。有脊椎骨的动物被称为**脊椎动物**（vertebrate），老虎、狗、鹰和金鱼都是脊椎动物。

脊椎动物和无脊椎动物

浣熊是一种脊椎动物，它有脊椎骨来支撑身体。

读图

浣熊的脊椎骨是从哪里开始？在哪里结束的？

没有脊椎的动物被称为**无脊椎动物（invertebrate）**，地球上的大多数动物都是无脊椎动物。无脊椎动物缺少的不仅仅是脊椎骨——它们体内根本没有骨头！昆虫、蜘蛛、蠕虫和水母都是常见的无脊椎动物。

快速检测

分类　区分脊椎动物和无脊椎动物的特征是什么？

批判性思维　骨骼对脊椎动物而言有什么用？

迷你实验

制作脊椎

1. **观察**　观察浣熊的照片，它的脊椎是什么样子的？
2. **制作模型**　用橡皮泥和扭扭棒做一个脊椎的模型。你的模型应该可以向前后左右各个方向自由弯曲。

橡皮泥

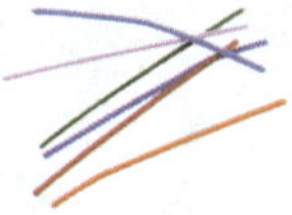

扭扭棒

3. **实验**　你的模型如何运动？你能在不移动其他骨头的情况下只移动一根骨头吗？
4. **推理**　假如脊椎骨是一根实心骨，它还能以同样的方式运动吗？

水母是一种生活在水里的无脊椎动物。

什么是无脊椎动物？

无脊椎动物在地球上随处可见，陆地上和水中都是它们生活的场所。大多数无脊椎动物都很小。昆虫就是一类常见的小型无脊椎动物。但是，有的无脊椎动物可以长得和校车一样长，大乌贼就是这样巨大的无脊椎动物。下面的照片展示了一些常见的无脊椎动物。

海绵

这种器官简单的动物身上布满了小洞，海绵利用这些洞储存水和食物。

蠕虫

蠕虫无论在身体内部还是外部都没有骨骼。地球上有一百多万种蠕虫。

海星和海胆

海星和海胆体外都有壳，它们用伸出体外的特殊管子来运动。

水母

水母没有骨头，没有大脑，也没有眼睛，它们的触须能刺痛猎物。

虽然无脊椎动物体内没有骨头，但是它们有其他的器官来支撑和保护身体。例如，有的无脊椎动物有一层薄而坚硬的外壳，这个外壳叫作**外骨骼（exoskeleton）**。

快速检测

分类 说出一种生活在水里的无脊椎动物和一种生活在陆地上的无脊椎动物。

批判性思维 章鱼是无脊椎动物吗？为什么？

节肢动物

龙虾

节肢动物是无脊椎动物中最大的群体。这类动物的外骨骼很薄，腿能自由弯曲，昆虫、蜘蛛和龙虾都是节肢动物。

甲壳虫

软体动物

鱿鱼

这类无脊椎动物有柔软的身体，它们中少数有硬壳，而大多数用脚部的肌肉来运动。蛤、蜗牛和章鱼都是软体动物。

蜗牛

▲企鹅是少数不会飞的鸟类之一。

什么是脊椎动物?

所有的脊椎动物都一样吗?让我们先试着比较下面介绍的五种脊椎动物——鸟类、爬行动物、两栖动物、鱼类和哺乳动物。

鸟类

鸟(bird)是一种有喙、羽毛、两翼和两条腿的动物。大多数鸟会飞。它们用肺呼吸,通过产卵繁殖。大多数鸟都会一直哺育雏鸟,直到它们可以独立寻找食物为止。

爬行动物

鳄鱼、乌龟和蛇都是爬行动物。**爬行动物(reptile)**是有鳞的脊椎动物。坚固的鳞片有助于它们自我保护。有些爬行动物生活在陆地上,有些则生活在水中。所有爬行动物都用肺呼吸。大多数爬行动物通过产卵繁殖,但也有一些是胎生的。

▲和所有爬行动物一样,变色龙的皮肤干燥又粗糙,可以减少体内水分的蒸发。

两栖动物

有些动物一生中一部分时间生活在水里，一部分时间生活在陆地上，这种动物被称为**两栖动物（amphibian）**。青蛙、蟾蜍和蝾螈都是两栖动物。

大多数两栖动物的生命开始于水中的卵。当卵孵化时，它们看起来像鱼。这个时候，它们用鳃呼吸。随着年龄的增长，它们长出了腿和肺，开始搬到陆地上生活。

▲ 成年的两栖动物，比如这只青蛙，通过肺或皮肤呼吸。

鱼

鱼（fish）是一生都生活在水里的脊椎动物，它们用鳃呼吸。大多数鱼是卵生的，并且表面都覆盖着鳞片和黏液。

快速检测

分类 青蛙是哪种脊椎动物？

批判性思维 你认为海龟是用肺呼吸还是用鳃呼吸？为什么？

扁扁的外观和光滑的皮肤有助于魟鱼在水中穿梭。

什么是哺乳动物?

最高等的一类脊椎动物包括老鼠、狗和大象——甚至也包括人类！这类脊椎动物就是哺乳动物，**哺乳动物(mammal)**是有毛发或皮毛的脊椎动物。大多数哺乳动物不是由卵孵化出来的，它们是胎生的。雌性哺乳动物产奶来喂养幼崽。哺乳动物会照顾幼崽，直到幼崽能够自己觅食为止。

哺乳动物身上覆盖着毛发，像猫和熊这样的哺乳动物有厚厚的皮毛，而大象和人的头发比较稀疏。

哺乳动物用肺呼吸。海豚和鲸是生活在水中的哺乳动物——它们需要时不时地把头伸出水面来呼吸。

▲哺乳动物的第一口食物通常是母乳。

快速检测

分类 哪些特征可以帮你确认熊是哺乳动物?

批判性思维 哪一种动物更适合独立生存——幼年的爬行动物还是幼年的哺乳动物？为什么?

鲸需要时不时跃出水面来呼吸。

真相 鲸和海豚都不是鱼，它们是哺乳动物。

课后回顾

摘要

动物可以根据它们的器官特征来分类。

无脊椎动物是没有脊椎骨的动物，昆虫、蜘蛛和龙虾都是无脊椎动物。

鱼、鸟、爬行动物、两栖动物和哺乳动物是**脊椎动物**，也就是有脊椎骨的动物。

制作 **折叠式学习卡**

制作折叠式学习卡来总结一下本课关于动物分类的知识。

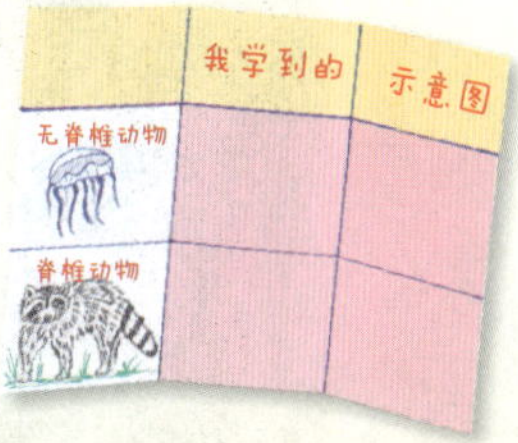

想一想，说一说，写一写

1. **词汇** 外骨骼是什么？

2. **分类** 斑马是一种什么动物？你是怎么知道的？

3. **批判性思维** 你认为骨骼是如何影响动物的外观和它们的运动方式的？

4. **测试** 所有的爬行动物都有什么？
   A 脊椎骨和鳃。
   B 肺和腿。
   C 脊椎骨和肺。
   D 脊椎骨和鳍。

5. **基本问题** 我们可以根据哪些特征对动物进行分类？

数学链接

制作图表

研究不同动物体内骨骼的数量，然后整理你收集到的信息，根据这些信息绘制条形图。

艺术链接

画动物

假设你是生物学家，刚刚发现了一种新的生物。为你新发现的生物画一幅肖像画吧，并标出有哪些器官可以帮助你对它进行分类。

沙漠之鸟

走鹃是一种生活在美国西南部沙漠中的鸟，它们拥有强壮的脚，能够飞快地奔跑。走鹃的羽毛是黑白相间的，它们还有长长的白色尖尾。走鹃一般在白天捕食蜥蜴、蛇和昆虫。

妖鸮也生活在美国西南部的沙漠里，它们是世界上最小的猫头鹰之一。妖鸮不像走鹃，它们只在夜间活动。它们有黄色的眼睛和很短的尾巴，它们的视力很好。妖鸮吃昆虫、蜥蜴和老鼠。

提示

如何写出一篇好的说明文？

- 描述事物的外观、声音、气味、味道等各方面。
- 利用细节为读者描述出一幅画面。
- 恰当的比对和对比，如灵活运用“像”“相似”“不同”等关键词。

写作

描述性写作　选择两种动物，并深入了解它们，然后写一段文字，描述这两种动物有什么相同之处，又有什么不同之处。

动物排排坐

所有的蛇看起来都一样吗？所有的蜥蜴呢？不一样！蛇和蜥蜴都有很多不同的种类，每一种都各具特点。它们每一种都被称为一个**物种**。下表列出了已知的四类爬行动物的物种数。

提示

- 从大到小排序，首先要找到最大的数。
- 先数一数每个数字各有多少位；接下来，比较最高位上的数，选出哪个数更大。
- 然后用剩下的数字重复上述步骤。

爬行动物的数量	2005 年已知的物种数量
鳄鱼	23
蜥蜴	4765
蛇	2978
乌龟	307

左图的黑白王蛇和右图的竹叶青蛇是两种蛇。

实践

把这些爬行动物按物种数量从多到少排列。哪几类爬行动物的物种数量超过了1000种？哪类爬行动物的物种数量最少？

第1章 复习和测试

摘要

第 1 课　所有生物都有某些相同的特点，也都有相似的需求。

第 2 课　大多数植物都有根、茎和叶。

第 3 课　动物利用身上的各个部分来保证获得日常所需。

第 4 课　可以根据器官和特征来分类动物。

制作 折叠式学习卡

如下图所示，整合折叠式学习卡来回顾本章所学内容。

词　汇

DOK 1

用下列词语填空。

细胞	有机体
环境	光合作用
无脊椎动物	繁殖
哺乳动物	栖所
营养物质	脊椎动物

1. 动物经常寻找一个安全的地方或者________来保护自己。
2. 每一个生物都是一个________。
3. 有脊椎骨的动物叫作________。
4. 生物通过________得到更多的同类。
5. 体温恒定且为胎生的脊椎动物是________。
6. 一种可以帮助生物生长并保持健康的物质是________。
7. 植物利用________制造营养物质。
8. 生物是由一个或多个________组成的。
9. 没有脊椎骨的动物叫作________。
10. 围绕某一个有机体的生物和非生物组成了一个________。

科学技能和科学概念

DOK 2-3

回答下列问题。

11. 中心思想和论据　生物和非生物有什么不同?
12. 写作　描述不同动物用来呼吸的器官。
13. 分类　将以下动物分为脊椎动物和无脊椎动物：蝴蝶、牛、蜗牛、金鱼、猫头鹰、蜘蛛。
14. 批判性思维　如果有人把一株植物的大部分叶子都摘掉，会发生什么事情?
15. 批判性思维　在寒冷的日子里，你可能会看到屋檐上出现了长长的冰柱。冰柱是生物还是非生物?解释原因。
16. 分类　动物借助各种各样不同的器官运动：有的动物有腿，有的动物有鳍或翅膀。列出两种你熟悉的动物作为例子，并说一说它们是如何运动的。
17. 解释右图中每个器官是如何帮助植物生存的。

18. 下列哪些非生物是生物生存所必需的?

A 岩石与火。

B 水与空间。

C 土壤与二氧化碳。

D 火与食物。

19. **判断正误**　动物不是用鳃呼吸，就是用肺呼吸。这个说法是对还是错?解释原因。

大概念

20. 生物如何获取生存和生长所必需的物质?

表现性评价

DOK 3

它是活的!

▶ 列出你在家周围发现的所有生物。

▶ 制作一张表格，对每一种植物或动物进行分类。那是什么植物或动物?

生物	是动物还是植物?
猫	动物—哺乳动物
花	植物
金鱼	动物—鱼
树	植物
蚊子	动物—昆虫

▶ 你家周围哪种生物最常见?你认为这是为什么?

测 试

1 下图中哪一个是生物？
DOK 1

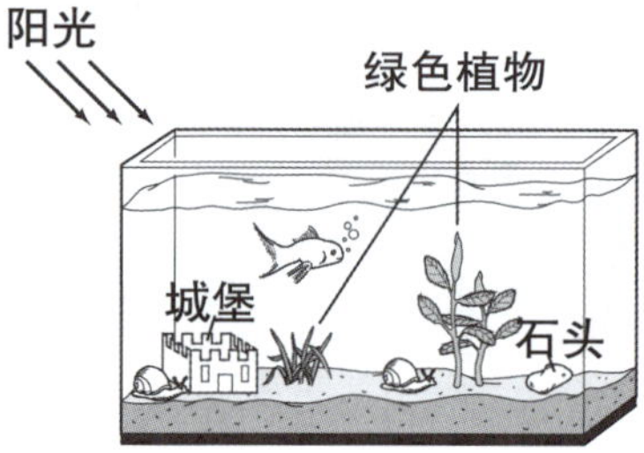

A 城堡。
B 绿色植物。
C 石头。
D 阳光。

2 下列哪一组选项是动物生存所必需的？
DOK 1

A 栖所、土壤、水、风。
B 栖所、水、食物、氧气。
C 食物、氧气、土壤、雨。
D 食物、水、二氧化碳、栖所。

3 哪种器官有助于鱼在水中生活？
DOK 1

A 鳍。
B 肺。
C 毛发。
D 脂肪。

4 下图展示的是什么过程？
DOK2

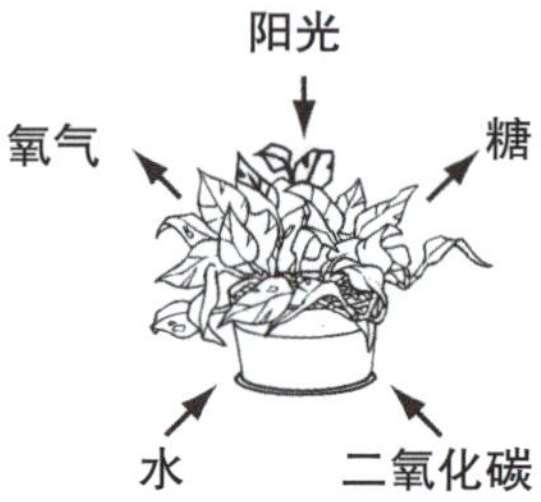

A 呼吸。
B 进食。
C 光合作用。
D 繁殖。

5 哪个器官帮助下图中的鸟获得了食物？
DOK 1

A 翼。
B 羽毛。
C 爪子。
D 喙。

6 下列哪一种动物是脊椎动物？

DOK 1

A 海星。

B 蜗牛。

C 蛇。

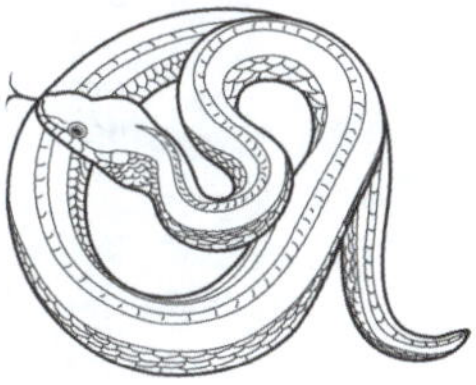

D 蜘蛛。

7 鸟类和哺乳动物有什么共同特征？

DOK 1

A 它们都有外骨骼。
B 它们都有脊椎骨。
C 它们都可以产卵。
D 它们都有尾巴。

8 下图展示了植物的四个器官。

DOK 2

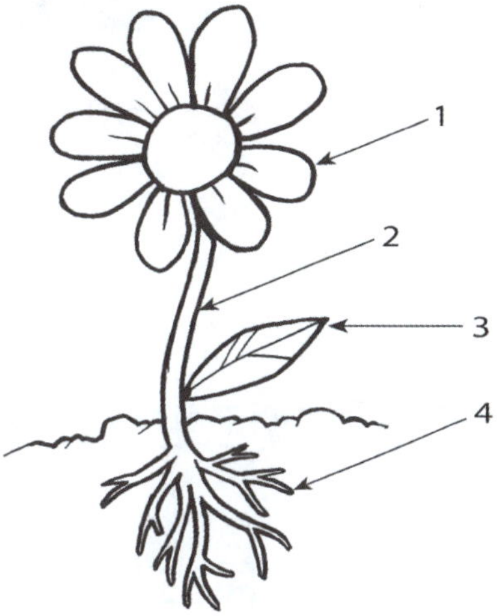

植物的器官	功能

完成上表并写一写每个植物器官的功能。

检 查

问题	对应页码	问题	对应页码
1	24～27	5	48
2	24～27，46～50	6	56～60
3	49	7	60～62
4	38～39	8	34～39

第2章

生物的生长和变化

大概念 生物是如何生长变化的?

基本问题

第1课

植物是如何生长和繁殖的?

第2课

动物是如何生长和繁殖的?

第3课

生物体的特征从何而来?

天鹅和天鹅宝宝

大概念 核心词汇

种子 能长成新植株的器官。

授粉 花粉从雄蕊传递给雌蕊的过程。

生命周期 生物体生长、繁殖和死亡的过程。

变态 生物体在生长过程中身体形态发生的一系列变化。

遗传特征 父母遗传给子女的特征。

习得特征 生物体后天学习获得的特征。

第1课

植物的生命周期

看一看，想一想

你知道吗？吹蒲公英的时候，你正在为蒲公英传播种子。这些种子会长出新的植株。种子从何而来？它们又是如何长成新的植株的？

探究活动

种子的萌发需要什么？

做出假设

种子的生长需要水吗？用“如果种子得不到水，那么……”的形式记录下你的假设。

验证假设

1. **观察**　用放大镜观察种子，并画出你观察到的图像。
2. **使用变量**　在一张纸巾上加两匙水后放进塑料袋里，在塑料袋上贴上“有水”标签。把一张干纸巾放进另一个塑料袋里，在塑料袋上贴上“无水”标签。
3. 两个塑料袋里分别放 3 颗种子，封好塑料袋，并把塑料袋放在温暖的地方。
4. **观察**　连续一周，每天观察种子。用图片和文字记录你所观察到的情况。如果“有水”塑料袋中的纸巾干了，再加入两匙水。

得出结论

5. **解释数据**　哪些种子发生了变化？它们发生了什么变化？
6. **推理**　你认为是什么导致种子发生改变的。
7. 你的结果支持你的假设吗？

进一步探究

拓展实验　如果你用除水以外的东西弄湿纸巾会发生什么？通过实验找出答案吧。

材　料

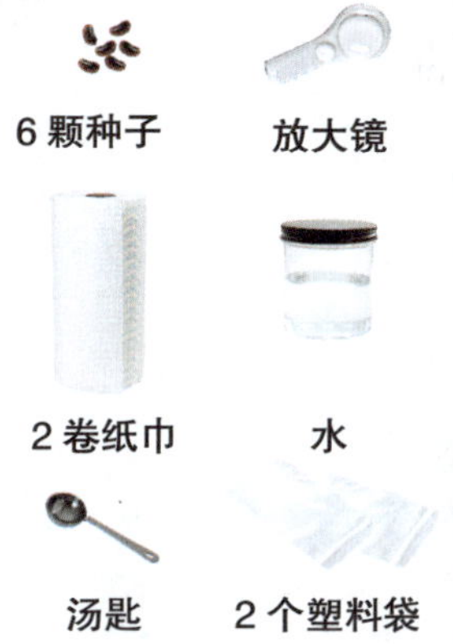

步骤 1

步骤 3

读一读，学一学

基本问题

植物是如何生长和繁殖的？

词汇

种子

胚

花

授粉

果实

生命周期

球果

阅读技能

排序

首先 → 其次 → 最后

植物是如何生长的？

你知道吗？当人们吃玉米、豌豆或坚果时，其实是在吃植物的种子。种子有不同的大小和形状。有些种子像蚕豆那么大，有些则像芝麻那么小。不管大小如何，所有的种子都有相同的功能哦。

种子（seed）是一种可以长成新植株的器官，它里面有一个处于幼态、即将生长的植物体。这个幼小的植物体被称为**胚（embryo）**。每粒种子都为胚贮存了营养物质，当胚开始发育但还不能自己制造食物时，这些营养物质可以帮助它生长。种子还有一层坚硬的外壳来保护胚。

种子种在土壤里不一定会立即*发芽*，种子发芽需要水、空气和适宜的温度。种子可以为了发芽等上几个月甚至几年的时间，直到所有条件满足再发芽。

从种子到植株

① 把种子种在土壤里。

② 种子发芽后，根开始向地下生长。

种子发芽之后，它会吸收水分，长成**幼苗**。幼苗能继续生长，长成成熟的植物。

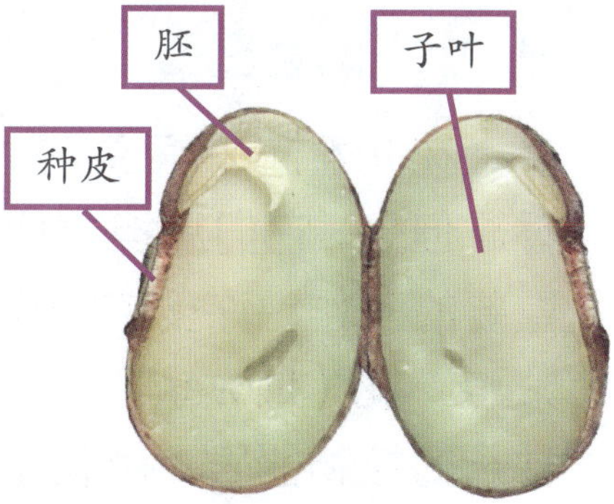

种子的各部分

快速检测

排序 种子发芽后会发生什么变化？

批判性思维 如果种子得不到充足的水分，会发生什么？

③ 根长得越来越长，茎从土壤里伸了出来。

④ 这棵植株长出了叶子，它开始可以制造自己的食物了。

⑤ 随着时间的推移，这棵植株成熟了。现在它可以繁殖、产生新的种子了。▶

种子的诞生

花儿看起来很漂亮，闻起来也很香。但是，它们承担着比美化环境更重要的工作。许多植物需要依靠花来繁殖。**花（flower）**是一种可以产生种子的植物器官。用花来产生种子的植物叫作**开花植物**。

一朵花中有两个部分可以产生种子——雄蕊和雌蕊，雄蕊产生一种叫作**花粉**的粉末，雌蕊产生胚珠。当花粉和胚珠结合在一起时，就会形成种子。

花粉怎么才能和胚珠结合呢？风能把花粉从一朵花的雄蕊吹到另一朵花的雌蕊上。蜂鸟、蜜蜂和蝙蝠等动物也能携带花粉，这些动物被花的气味或鲜艳的色彩所吸引，它们也爱喝花朵产生的一种叫作**花蜜**的甜甜的液体。花粉会粘在这些动物的身体上，这些动物再把花粉带到另一朵花那里。

▲ 一朵花中有两个部分可以产生种子——雄蕊和雌蕊。

蜜蜂采蜜时，这朵花上的黄色花粉就会粘在它的身上。▶

花粉从雄蕊传递到雌蕊的过程被称为**授粉（pollination）**。授粉后，种子开始形成。开花植物的种子周围还会形成**果实（fruit）**，果实是一种可以保护种子的器官。

种子的旅行

在种子发芽之前，它必须找到合适的土壤。那么，对于一颗种子而言，怎样才能找到合适的土壤呢？有些种子，比如蒲公英的种子，会在风中飘散；还有一些种子被包裹在果皮里，一同掉在地上，外层的果皮腐烂了，种子就撒了出来。

动物也可以帮忙：松鼠会把松果埋入地下；带刺的种子可以附着在动物的皮毛上，被带到新的地方；当动物吃水果时，种子会进入动物体内，于是，这些种子被包裹在动物的粪便中，最终回到土壤里。

快速检测

排序　种子是如何形成的？

批判性思维　艳丽芬芳的花朵有什么作用？

真相　番茄是果实，内有种子。

迷你实验

果实和种子

草莓

桃子

猕猴桃

1. **观察**　观察三种不同的水果，比较它们的大小、形状。
2. **小心！切水果时请注意安全。**切开水果，继续比较。它们是否都有果皮？它们是否都有种子？
3. **观察**　观察不同水果的种子，比较它们的种子分别都在什么位置。
4. **推理**　这些水果有什么相同之处？你觉得这些水果是怎样传播种子的？

山楂的种子会经过松鼠的身体进入土壤，继续生长。

植物的生命周期

发芽、生长、繁殖和死亡的过程被称为植物的**生命周期（life cycle）**。不同的植物以不同的方式生长和繁殖——有的植物有花，有的植物有球果。

随着时间的推移，成年植物死亡。它们**分解**、腐烂，成为土壤的一部分。这为土壤增加了肥力，可以帮助其他植物生长。

开花植物

大多数植物是开花植物。开花植物从种子生长到成年，然后，它们用花来繁殖并产生新的种子。

樱桃树的生命周期

针叶植物

你捡过松球果吗？**球果（cone）**是一种由种子组成的植物器官，用球果繁殖的植物称为**针叶植物**。松树、云杉和铁杉都是针叶植物。针叶植物与开花植物有相似的生命周期：它们都是由种子长成的，它们也都通过授粉繁殖并产生新的种子。然而，针叶植物是通过球果而不是花来产生种子的。

快速检测

排序 针叶植物如何产生种子？

批判性思维 花和球果有什么相同之处？又有什么不同之处？

松树的生命周期

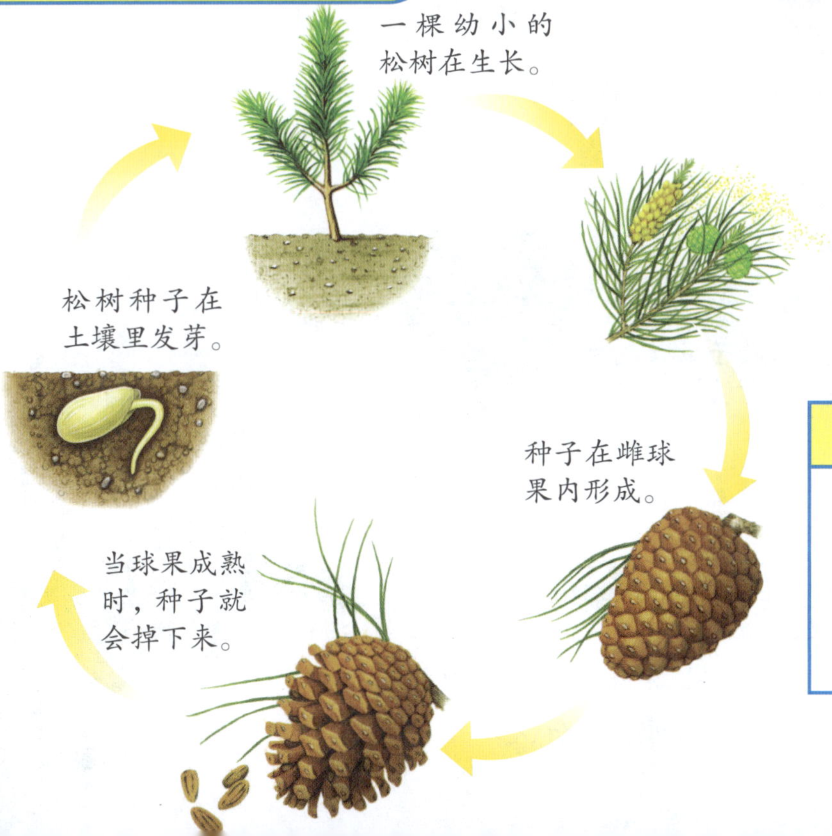

读图

针叶植物的生命周期有哪几个阶段？

线索 请注意图中箭头的方向。

没有种子的植物如何繁殖?

有些植物不需要种子就能繁殖——蕨类植物就从不产生种子，它们只产生**孢子**。像种子一样，孢子也可以落在地上，能长成一株新的蕨类植物。与种子不同的是，孢子不是一个器官，只是一个细胞。

有些植物也可以让自身的某些器官直接成长为新的植株，像马铃薯能够从块茎上的芽眼长出新枝。有些植物可以利用一种叫作**球茎**的地下茎来繁殖，例如洋葱。有时，水中的茎和叶也可以长出新的幼苗。

▲马铃薯块茎上的芽眼会长出新的茎和叶。

蕨类植物的生命周期

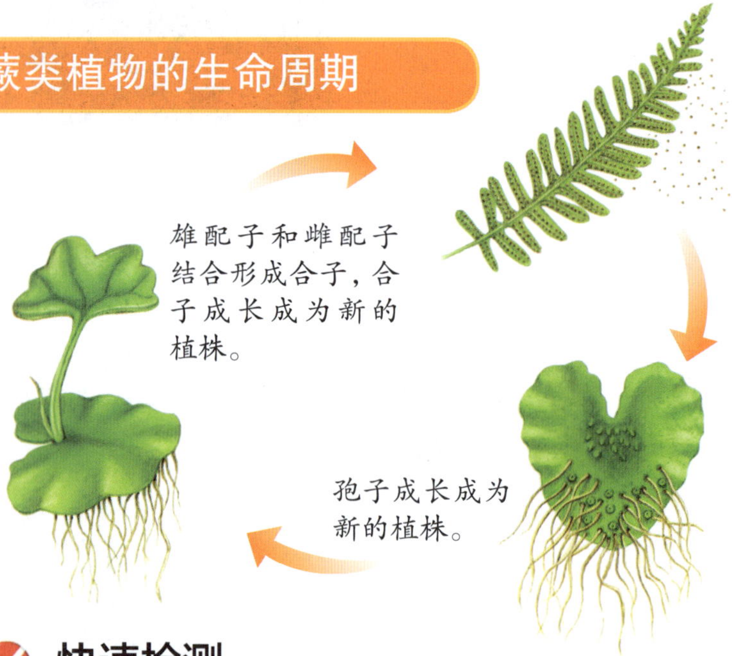

快速检测

排序 蕨类植物的生命周期是怎样的?

批判性思维 如果蕨类植物的孢子落在营养贫乏的土壤里，它还能发芽吗? 为什么?

课后回顾

摘要

植物在成长过程中会经历一系列的变化。

开花植物和**针叶植物**都是由种子长成的，生命周期相似。

植物以不同的方式繁殖，有些植物不是由种子长成的，例如，蕨类植物用**孢子**繁殖。

制作 折叠式学习卡

制作折叠式学习卡来总结本课关于植物生命周期的知识。

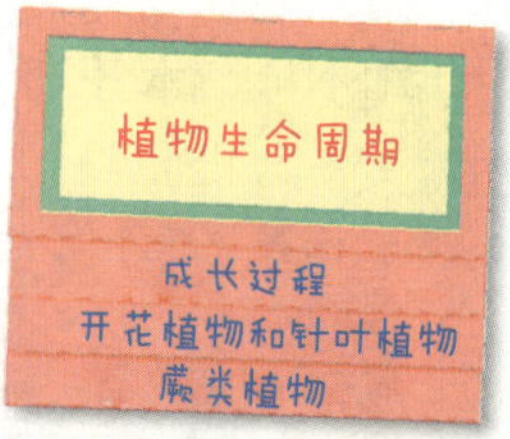

想一想，说一说，写一写

1. **词汇** 什么是果实？

2. **排序** 开花植物的生命周期是怎样的？

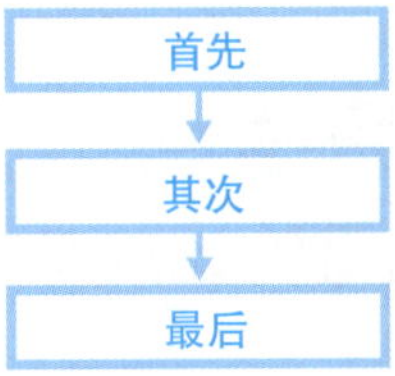

3. **批判性思维** 某些动物是怎么帮助开花植物授粉的？

4. **测试** 针叶植物的繁殖离不开什么？

   A 球茎。

   B 花。

   C 球果。

   D 孢子。

5. **基本问题** 植物是如何生长和繁殖的？

写作链接

比较植物

你家附近有哪些植物？在你家周边选择四种植物进行研究。它们是用花、球果还是孢子繁殖的？写一写，通过比对和对比来描述你家附近的植物。

艺术链接

画一幅画

利用图书馆资源来寻找齐白石画的花，认真欣赏他的作品，描述一下你的感受。然后，自己动手来画一些植物吧！

聚焦技能

探究技能：做出假设

我们刚刚学习了种子是如何萌发的。天气冷时种子还能发芽吗？为了回答这个问题，科学家从已知的信息入手，将问题转化为可验证的陈述，这样的陈述被称为假设。

▶ 学习

做出一个假设以后，你可以通过收集数据来验证你的陈述。假设你想知道植物的生长是否需要阳光，根据已知的信息，你可以做出这样的假设：如果植物得不到阳光，就不会生长。

假设需要被验证。你可以通过把一株植株放在黑暗中，另一株相同的植株放在阳光下，进行实验来验证上面的假设。实验过程中，需要仔细观察，并做好记录。一个好的假设还需要确定变量。在上面的例子中，阳光和植株生长都是变量。

▶ 尝试

做出一个关于种子萌发的必要条件的假设，然后通过实验来验证这个假设。

材 料 水，2 张纸巾，6 粒豌豆种子，2 个密封塑料袋，2 个泡沫杯，冰块

1. 想想你已经掌握了哪些关于种子的知识，现在就这个问题提出一个假设：豌豆种子是在寒冷的地方发芽更快，还是在温暖的地方发芽更快？以“如果我在寒冷的地方种下一粒豌豆种子，那么……”开始吧。

2 在两张湿纸巾上分别撒上三粒豌豆种子，分别放入一个塑料袋，密封。

3 在其中一个塑料袋里放入一个装满冰块的泡沫杯，将另一个塑料袋里放入一个空的泡沫杯。

4 制作如下图所示的表格，用它来记录你每天的观察结果。你的结果支持你的假设吗？

步骤 3

步骤 4

	冷	热
第一天		
第二天		
第三天		
第四天		

▶ 应用

现在你已经学会像科学家一样思考了吗？做好准备来回答其他问题了吧！种子在光照下发芽快还是在黑暗中发芽快？就这个问题做出假设，然后做实验来验证你的假设。

第 2 课

动物的生命周期

看一看，想一想

这只蝴蝶正在经历巨大的改变，你知道它过去的样子吗？所有动物都会随着年龄的增长而变化。但是，所有动物都会以相同的方式变化吗？

探究活动

毛毛虫是如何生长和变化的？

预测

毛毛虫在成长的过程中是如何变化的？请做出预测。

检验

1. **观察** 观察毛毛虫，为它画一幅画，并标记出所有你能分辨出的部位。

   ⚠ **小心！请尽量不要接触毛毛虫。**

2. **测量** 测量毛毛虫的长度，并记录在你的画上。
3. 把毛毛虫放进培养箱。
4. **观察** 每天观察一次毛毛虫并画一幅画，你观察到的任何变化都要做好记录。如果你能在不打扰毛毛虫的情况下测量它的长度，那就请每天都记录下来。

得出结论

5. **解释数据** 毛毛虫经历了哪些微小的变化？你观察到什么大的变化？
6. **推理** 蝴蝶的生命周期有哪些阶段？

进一步探究

拓展实验 蝌蚪在成长的过程中是如何变化的？制订一个计划来验证你的想法。

材料

毛毛虫

放大镜

尺子

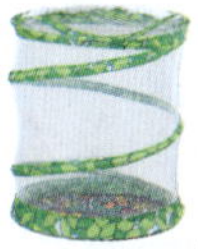

装毛毛虫的培养箱

步骤 1

步骤 2

读一读，学一学

基本问题
动物是如何生长和繁殖的?

词汇
变态
卵
幼虫
蛹

阅读技能
排序

首先 → 其次 → 最后

什么是动物的生命周期?

你知道吗? 蝴蝶小时候其实是毛毛虫，而青蛙小时候其实是蝌蚪。这些动物在成长的过程中身体形态经历了巨大的变化，但所有的动物都会以相同的方式变化吗?

不同种类的动物，身体以不同的方式变化。有些动物出生时就长得像它们的父母；有些动物则长得跟父母一点儿也不像，这些动物在成长的过程中可能会在形态或体色上有较大的变化，它们甚至会长出新的器官。动物形态随年龄不断变化的过程就是它们的生命周期。

一个动物出生了，它渐渐长大，成年后繁殖，最后死亡。死亡后，它的身体被分解，成为土壤的一部分，为土壤提供了可供其他生物生长所需的养分。

青蛙的生命周期

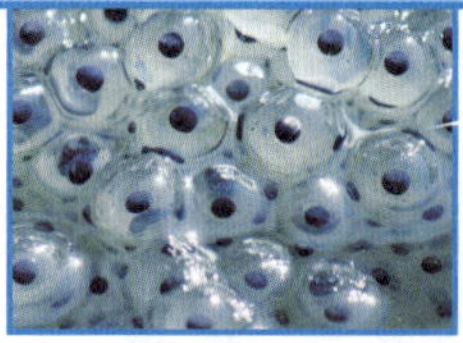

卵　青蛙在水中产卵。

蝌蚪　每个卵会孵化出一只形态像鱼一样的蝌蚪，蝌蚪用鳃呼吸。

逐渐成年　蝌蚪长出了腿和肺。

成年　现在，青蛙已经和它的父母长得很像了，它在水中和陆地生活并繁衍后代。

变态

有些动物的一生中会经历一种叫作**变态（metamorphosis）**的过程。变态是指动物身体形态的变化，两栖动物和大多数昆虫都会经历变态。它们的生命周期始于一个**卵（egg）**，卵中含有幼体所需要的营养，大多数卵都有保护幼体的外壳。

当幼体长得足够大时，它就会破壳而出，也就是**孵化**出来。这个时候，它看起来和成年的时候完全不一样。随着时间的推移，它慢慢长大，成年，繁殖。大多数两栖动物和昆虫不照顾它们的后代，卵孵化出来后就可以独自觅食。

快速检测

排序 命名瓢虫生命周期的各个阶段。

批判性思维 比较青蛙和瓢虫的生命周期。

瓢虫的生命周期

卵 瓢虫的生命始于卵。

幼虫 瓢虫**幼虫（larva）**从卵中孵化出来，它吃虫子长大。

蛹 幼虫结出一层厚厚的硬壳——**蛹（pupa）**。在硬壳里，它开始长翅膀。

成年 成年的瓢虫破茧而出，它的体态变化很大，它有红色的翅膀。雌性瓢虫会产卵，卵又开始新的一个生命周期。

爬行动物、鱼类和鸟类在成长过程中是如何变化的?

爬行动物、鱼类和鸟类的生命周期相似。这类动物大多都会产卵:爬行动物在陆地上产卵,鱼在水中产卵,鸟则通过筑巢来保护自己的卵。大多数鸟会在卵上坐着,直到卵孵化。

在一段时间内,幼体从卵中获得所需的物质,在卵中生长发育。当幼体长得足够大时,它就开始破壳而出了。年幼的爬行动物、鱼类和鸟类不会经历变态。它们孵化出来时就和同类的成年个体很像了。

海龟的生命周期

卵 雌海龟爬到沙滩上产卵。

小海龟 小海龟从卵中孵化出来,然后迅速爬回大海。

成年海龟 成年海龟可长到140千克以上。雌海龟在产卵之前都会生活在海里。

随着时间的推移，年幼的爬行动物、鱼类和鸟类渐渐长大。成年后，它们可以繁衍后代。大多数爬行动物和鱼类不照顾它们的后代，它们的后代自孵化后就可以独自觅食。而鸟类会一直抚养雏鸟，直到雏鸟能够飞翔并独自觅食为止。

快速检测

排序 鱼产卵后接着会发生什么事？

批判性思维 爬行动物的生命周期与青蛙的生命周期有什么相同之处？又有什么不同之处？

迷你实验

鸡的生命周期

1. **观察** 观察右侧这三张图，按照鸡的生命周期将图片排好顺序。

2. **交流** 描述鸡的生命周期。小鸡长大后有什么变化吗？
3. **比较** 鸡的生命周期和海龟的生命周期有什么相同之处？又有什么不同之处？

鱼的生命周期

卵 鱼卵可能会浮在水中，也可能会沉到水底。

幼鱼 孵化出来的幼鱼开始寻找食物。

成年鱼 大部分成年鱼一生都在生长。有些鱼，比如雌性鳟鱼，每年能产下数千枚卵！

哺乳动物的生命周期

大多数哺乳动物不是从卵中孵化出来的，而是胎生的，它们从一出生便很像它们的父母。成年哺乳动物喂养和照顾它们的幼崽。

随着年龄的增长，幼年的哺乳动物脂肪会变少，也会变得更强壮，它们的外观变得更像成年动物。它们会慢慢学会独立生存，幼崽成年后可以繁殖并拥有自己的后代。

快速检测

排序 猎豹会先拥有哪种技能？繁殖还是狩猎？

批判性思维 动物体形越长越大，对它们有什么好处？

猎豹的生命周期

幼崽 大多数雌猎豹一次生三到五只幼崽，它们会保护并喂养幼崽。

青年猎豹 年轻的猎豹学习并练习必要的狩猎技能。

成年猎豹 成年猎豹体形更大，它们可以繁殖了。成年猎豹跑得和高速公路上的汽车一样快。

读 图

猎豹在成长的过程中是如何变化的？

线索 箭头显示猎豹变化的顺序。

课后回顾

摘要

每种动物都有自己的生命周期。**两栖动物和大多数昆虫都会经历变态发育。**

大多数爬行动物、鸟类和鱼类都是从卵中孵化出来的。爬行动物和鱼类通常不照顾它们的后代。

大多数哺乳动物是胎生的。在它们可以独立觅食之前，会依靠父母生活。

制作 折叠式学习卡

制作折叠式学习卡来总结本课关于动物生命周期的知识。

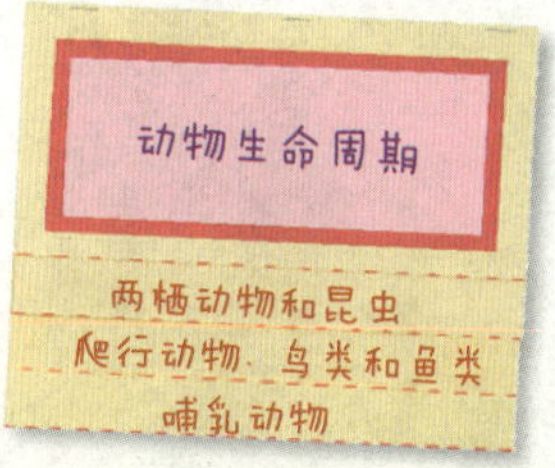

想一想，说一说，写一写

1. **词汇** 什么是变态发育？
2. **排序** 海龟生命周期的三个阶段分别是什么？

首先 → 其次 → 最后

3. **批判性思维** 你经历过变态发育吗？为什么？
4. **测试** 鬣蜥的生命周期最像下列哪一种动物？

A 乌龟。
B 猎豹。
C 苍蝇。
D 熊。

5. **基本问题** 动物是如何生长和繁殖的？

写作链接

写一个故事

选择一种你了解的动物，想象你是那种动物，描述你是如何随着年龄的增长而变化的。

数学链接

幼崽的数量

雌猎豹通常至少生 3 只幼崽，最多生 5 只幼崽。5 只雌猎豹至少能生多少只幼崽？最多能生多少只幼崽？

小羊羔

我从小生活在农场里，所以可以观察很多动物的成长。我们的农场里有鸡、牛和羊，其中，我最喜欢羊了。羊出生时很小，毛卷卷的、非常柔软。小羊羔喜欢待在父母身边。当它们长大后，它们就会跑跳玩耍了。照看它们是非常有意思的工作。它们身上的羊毛会越长越长。不久，我们就可以把它们身上的羊毛剪下并纺成纱线。明年它们就会长成成年绵羊啦。

提示

如何写好一篇记叙文？

- 讲述作者亲身经历的故事。
- 表达作者的真实情感。
- 以合理的顺序讲述故事。
- 使用时间顺序的词汇，如首先、其次、最后。

小羊羔越长越像它们的父母。▼

写作

记叙文　你是否观察过植物或动物的生长和变化？写下来，描述你观察到的变化，记录你觉得值得注意的地方以及你当时的感受。

关于动物寿命的条形图

动物能活多久？果蝇的寿命可能只有一个月左右，而加拉帕戈斯象龟可以活 150 年！每种动物都有自己的寿命，寿命是指生物体一般生存的时间。

你可以比较不同动物的寿命。从下表中查找数据，利用这些数据制作一个条形图来比较不同动物的寿命。

动物	平均寿命 *
骡鹿	10年
旅鸫	13年
鼠蛇	23年
岩针蜥	4年
美国蟾蜍	15年

* 在理想情况下

提示

- 写明图表、横坐标、纵坐标分别表示什么。
- 标明每一个条柱代表什么动物。
- 给纵坐标标出数值，从0开始。
- 每一个动物有一个表明其寿命的条柱。

实践

利用图表中的数据制作条形图，然后用条形图比较不同动物的寿命。

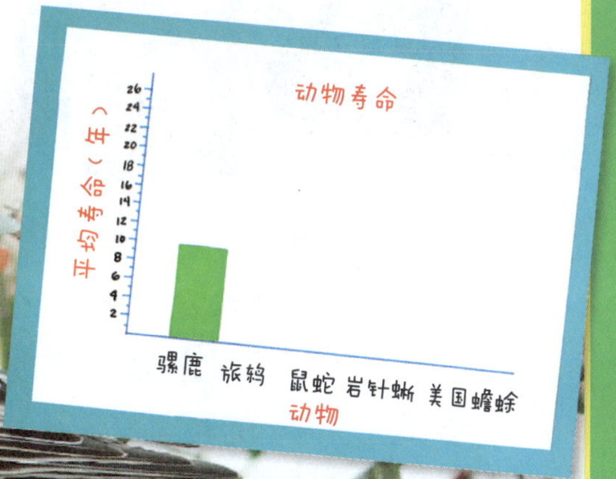

第3课

特　征

看一看，想一想

小马和它的父母有什么相同之处，它们又有什么不同之处？你觉得，哪些特征是父母传下来的？

探究活动

哪些特征是父母传给孩子的？

预测

你的哪些特征是从父母那里遗传得来的？你的头发颜色或长度是遗传的吗？请做出预测。

检验

1. **交流** 制作一个如右所示的数据表，用表格来描述你的特征。
2. **分类** 在你成长的过程中，哪些特征发生了变化？哪些特征保持不变？请在表中圈出那些没有发生变化的特征。
3. **交流** 与同学一起比较表格内容。随着时间推移，你们都有哪些特征保持没变？

步骤 1

特征	内容
头发颜色	
头发长短	长/短
酒窝	有/无
眼睛	双眼皮/单眼皮
最喜欢的食物	

得出结论

4. 大多数同学将哪些特征归类为保持不变的特征？
5. **推理** 你认为你是如何获得这些特征的？
6. **推理** 你的一些特征是从父母那里继承来的，你继承了父母的哪些特征？解释。

进一步探究

制作一个关于特征的表格，将你的家庭成员列入其中。你和你的家人有什么共同特征？

步骤 3

读一读，学一学

基本问题
生物体的特征从何而来?

词汇
特征
遗传
遗传特征
习得特征

阅读技能
中心思想和论据

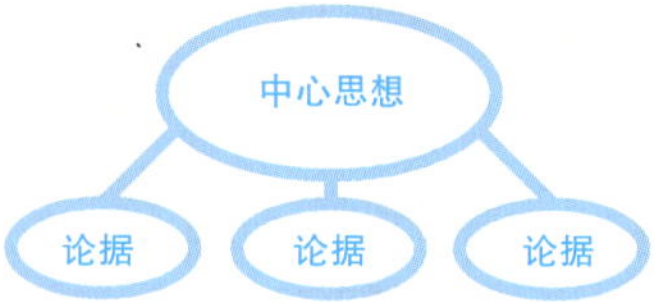

红郁金香和黄郁金香的后代可以是红的，黄的，或者红黄相间的。

什么是遗传特征?

你是否曾经注意到世界各地的人，他们的外貌各不相同：有些人的眼睛是黑色的，而有些人的眼睛则是绿色的。每个生物体都有其独特的特征，**特征（trait）**是指生物的特点。眼睛和头发的颜色就是人类的特征之一，植物的花、茎和叶的形状是植物的特征，特征可以帮助你识别、描述一个有机体。

生物体的特征从何而来？一部分原因是遗传。**遗传（heredity）**是指父母传给下一代的特征，来自父母的特征被称为**遗传特征（inherited trait）**。花的形状和颜色是遗传的，人们眼睛和头发的颜色是遗传的，动物腿的数量也是遗传的。遗传特征使生物体看起来和它们的父母相似。

大多数生物体遗传于它们的父母，也正因为这个，生物体几乎不能和它们的父亲或母亲完全相同。例如，一个女婴头发的颜色可能和她母亲一样，而眼睛的颜色却和她父亲的一样。

当父母中有一方赋予后代更明显的特征时，生物体可能看起来更像父母中的某一方。灰狗和黄狗的后代可能是黄色的，红花和黄花的后代可能是红色的。

迷你实验

遗传特征

1. **观察** 仔细观察下图中的这个家庭，这些人有什么相似之处？他们有什么不同？
2. **交流** 比较孩子和他们的母亲，讨论他们的哪些特征和他们母亲的相似。
3. **交流** 比较孩子和他们的父亲，讨论他们的哪些特征和他们父亲的相似。
4. **推理** 为什么生物体看起来和父母相似，但又不和父母完全相同？

快速检测

中心思想和论据 什么是遗传特征？

批判性思维 狗的尾巴长度是遗传的吗？为什么？

图中这些人看起来是一家人吗？你是依据什么来判断的？▼

哪些特征不是遗传的?

你的某些特征来自你的父母，但很多其他特征则是通过后天习得的。随着时间的推移，人类和动物可以学习获得新的技能，这些新技能被称为**习得特征（learned trait）**。骑自行车、说一门语言都是后天习得的特征。

还有一些特征会受到环境的影响。例如，长时间高强度地暴露在阳光下，可能会让你的头发颜色变浅；如果给绿植浇了太多的水，它的叶片可能就会变黄；食物充足的时候，兔子可能会吃得发胖，而食物短缺的时候，它又可能会变得很瘦。

习得特征不会从父母传给后代。比如，你的父母可能会骑自行车，但你仍然需要学习来掌握骑自行车的技能。受环境影响的特征也不会遗传。比如，某个动物身上有疤痕，它的后代不会生来就有疤痕。一棵树在风暴中失去了树枝，它的后代也不会生来就缺少树枝。

▲海獭会利用岩石敲击来打开蛤蜊。这种习得特征有助于海獭获得食物。

快速检测

中心思想和论据 列举一个你已经习得的特征。

批判性思维 习得特征是如何帮助动物生存的?

正在变化的特征

读　图

这棵树是如何受到周围环境影响的?

线索 对比这棵树和你周围的树。

课后回顾

摘要

遗传特征是指父母遗传给后代的特征。

习得特征是指生物体后天学习获得的特征。

有些特征受到生物体所在环境的影响。

制作 折叠式学习卡

制作折叠式学习卡来总结本课中关于特征的知识。

想一想，说一说，写一写

1. **词汇** 什么是遗传？
2. **中心思想和论据** 遗传特征是什么？请举一个例子。

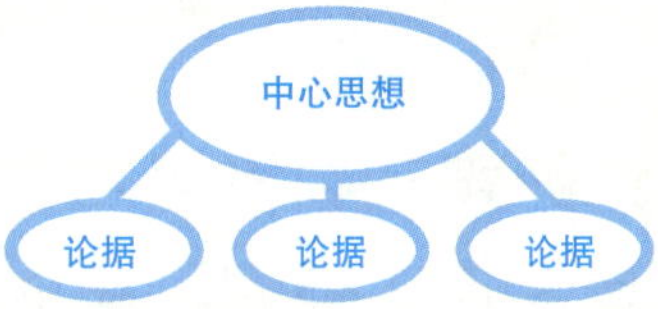

3. **批判性思维** 你为什么会有现在这样的外貌？
4. **测试** 植物在暴风雨中失去了枝条，这是一个关于什么的例子？
   A 遗传特征。
   B 受环境影响的特征。
   C 习得特征。
   D 遗传。
5. **基本问题** 生物体的特征从何而来？

数学链接

绘制图表

能卷舌是一种遗传特征。数一数你们班有多少人能卷舌，做一个饼图来展示你的调查结果。

社会链接

制作家谱

收集你家人的照片，把他们排列成家谱。寻找亲戚之间的相同特征与不同特征。你能找到你们共同的遗传特征吗？

走近达雷尔·弗罗斯特

一只蜥蜴正在享受午后的阳光，与此同时，一只鹰正在天空中翱翔。鹰发现了蜥蜴，俯冲了下来想要抓住它。蜥蜴已经没有时间逃跑了，它该如何逃脱鹰爪呢？

如果鹰抓住了蜥蜴的长尾巴，蜥蜴的尾巴就会自行断掉。当蜥蜴逃跑的时候，只留下一条扭动的尾巴。过一段时间，蜥蜴会长出一条新的尾巴。可以长出新的身体部位的能力是一种再生特征。

达雷尔·弗罗斯特是一位生物学家，一位研究两栖动物和爬行动物的科学家。

AMERICAN MUSEUM OF NATURAL HISTORY

再生是达雷尔·弗罗斯特的研究对象——蜥蜴所拥有的特征之一。达雷尔是美国自然历史博物馆的科学家，他走遍世界各地收集不同种类的蜥蜴，然后观察它们的特征。他发现了不同种类的蜥蜴之间的联系。

提示

如何做好排序？

- 了解事件发生的顺序。
- 说清楚首先，接下来，最后发生了什么。
- 使用好时间顺序的相关词汇，如首先、其次、再次、最后等。

这只蜥蜴失去了尾巴的末端，新长出来的部分看上去比原来的更暗。

写作

排序　和你的同伴一起阅读这篇文章。为达雷尔研究蜥蜴的步骤排序，再扩充成一篇关于达雷尔工作的总结。

第2章 复习和测试

摘要

第 1 课 生命周期描述了生物体是如何生长和繁殖的。大多数植物是由种子发育而来的。

第 2 课 不同的动物有着不同的生命周期。有些动物生来就长得像它们的父母，有的则随着成长形态会发生很大的改变。

第 3 课 生物体具有部分遗传自父母的特征，其他特征是后天习得的或受环境影响而来的。

制作 折叠式学习卡

如下图所示，将本章学习中制作的折叠式学习卡粘在一张纸上，来复习你在本章中学到的内容。

词汇

DOK 1

用下列词语填空。

球果	生命周期
卵	变态
遗传	授粉
遗传特征	种子
幼虫	特征

1. 两栖动物的生命始于________。
2. 针叶植物的种子在________中。
3. 生物体经历了构成它________的各个阶段。
4. 有些生物，如毛毛虫，要经过________来改变形态。
5. 父母的特征传给下一代被称为________。
6. 能长成新植株的器官叫作________。
7. 生物的任何特点都叫作________。
8. 昆虫和风可以帮助植物________。
9. 生物体从其父母那里获得的特征被称为________。
10. 当毛毛虫从卵中孵化出来时，它被称为________。

科学技能和科学概念

DOK 2-3

回答下列问题。

11. 排序　请按正确的顺序排列开花植物生命周期的各个阶段。

12. 描述　说一说学校课程是如何影响你的习得特征的。

13. 预测　一个苹果成熟后会落到地上，这是如何帮助苹果树繁殖的呢？

14. 批判性思维　环境是如何影响鸟类的生命周期的？

15. 比对和对比　你知道吗？一只母海龟可能一次产下一百个海龟蛋，而一只母猎豹一次只会产下三到五只幼崽。你觉得，不同种类的动物是如何让自己更多的后代生存下来的？

16. 右图展示了什么？它展示的是生命周期的哪一个阶段？

17. 判断正误　狗"握手"是一种遗传特征。这个说法是对还是错？并解释。

18. 判断正误　旅鸫一生会经历一次变态。这个说法是对还是错？解释。

19. 在开花植物中，哪里有种子？

A 球果。　C 果实。

B 球茎。　D 块根。

大概念

20. 生物是如何生长变化的？

表现性评价

DOK 3

制作一个有关生命周期的海报

变色龙

旅鸫

- 选择两种不同的动物，如变色龙和旅鸫。利用本书及图书馆的资料，了解更多有关生命周期的内容。

- 制作一张海报，用半张海报展示不同动物的生命周期，借助文字和图片，用另外半张海报解释生命周期的每个阶段，并比对和对比不同动物的生命周期。

测 试

1 下图展示了种子的内部情况。胚是什么？

DOK 1

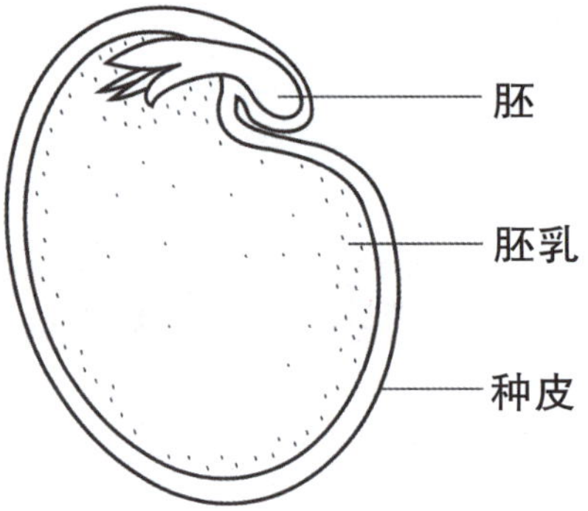

A 幼苗。
B 土壤里的茎。
C 构成种子的器官。
D 构成食物的器官。

2 如果蜜蜂数量减少，开花植物最有可能发生什么？

DOK 2

A 种子会被带到新的地方。
B 果实数量减少。
C 花蜜被其他昆虫吃掉。
D 果实数量增多。

3 这张青蛙的生命周期图中缺失了哪个阶段？

DOK 1

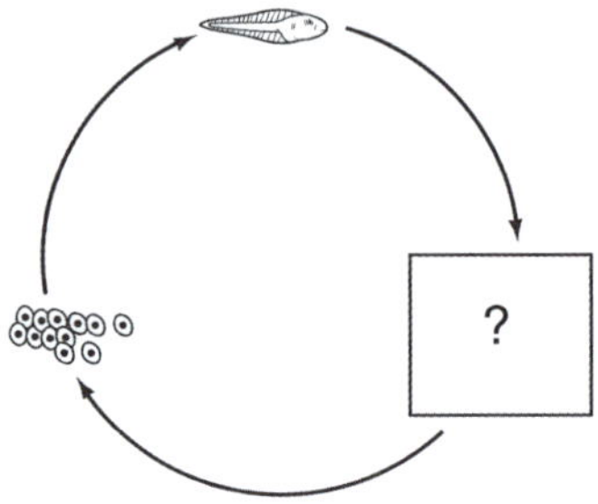

A 卵。
B 蝌蚪。
C 幼年青蛙。
D 成年青蛙。

4 下图中的这只狗的哪一种特征最有可能来自它的父母？

DOK1

A 斑点毛皮。
B 在地上滚来滚去。
C 磕掉一小块的牙齿。
D 摇尾巴。

5 观察下表。下列哪一项最适合被填写在表格的空白处？

DOK 1

遗传特征		
酒窝	头发的颜色	

A 肘部的淤青。
B 眼睛的颜色。
C 好的礼仪。
D 发型。

6 哺乳动物和父母长得并不是一模一样。对此最好的解释是什么？

DOK 1

A 遗传特征会受环境的影响。
B 父母双方各有各的特征。
C 习得特征会受环境的影响。
D 习得特征受遗传特征的影响。

7 哪一种植物用花繁殖？

DOK 2

A 樱桃树。
B 松树。
C 苔藓。
D 蕨类植物。

8 如下图所示，图一是蝴蝶的生命周期，但是其中缺少了两个阶段（A和B），图二展示了两个生命阶段。

DOK 1

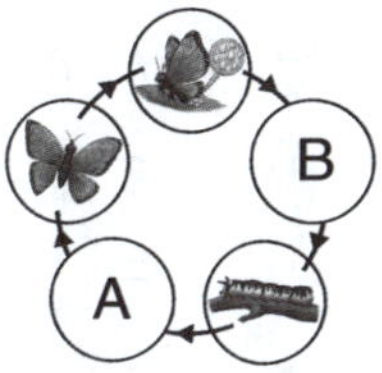

图一

幼虫　　蛹

图二

幼虫应该放在A还是B？为什么？

蛹应该放在A还是B？为什么？

比较蝴蝶和鸟的生命周期。

检　查

问题	对应页码	问题	对应页码
1	74～75	5	96～98
2	76～78	6	90,96～98
3	86	7	76～80
4	96～98	8	87～89

动物训练师

你喜欢和动物在一起吗？你喜欢照顾宠物吗？有些人的职业就是照顾、训练动物。你也可以成为他们中的一员！

动物训练师的工作有许多种：有些人训练狗来帮助盲人，有些人训练马来进行比赛，动物园和水族馆的动物也离不开动物训练师。有些动物训练师还会和在电影或电视节目中表演的动物一起工作。

要成为一名动物训练师，你需要冷静和耐心。你必须是一个好的沟通者，深入学习动物心理学。动物心理学是研究动物“思考”和行为方式的学科。同时，你也应该有良好的身体素质。

更多相关职业

- 兽医
- 生物学家
- 饲养员
- 动物美容师

▲ 这个动物训练师在水族馆中与虎鲸一起工作。

▲ 这个动物训练师在训练导盲犬。

参考

科学指南

健康指南

测 量

测量的单位

温度

▶ 这支温度计上的温度读作 0℃。

长度

▶ 这名学生身高 1.34 m。

质量

▶ 常用的质量单位有毫克（mg）、克（g）、千克（kg）等。

液体的体积

▶ 这瓶水的体积是 2 L。

质量/重力

▶ 这个南瓜质量为 4 kg，受到的重力约为 40 N。

速度

▶ 下图中的同学骑自行车在 50 s 内能移动 100 m。也就是说，她的车速是 2 m/s。

国际标准单位

温度

水在0摄氏度（℃）结冰，在100℃沸腾。

长度和距离

10毫米（mm）=1厘米（cm）
100 cm=1米（m）
1000 m=1千米（km）

体积

1000毫升（mL）=1升（L）

质量

1000毫克（mg）=1克（g）
1000 g=1千克（kg）

面积

1平方米（m^2）=1 m×1 m
1000000 m^2=1平方千米（km^2）

速度

m/s读作米每秒。
km/h读作千米每小时。

力

1牛（N）=1 kg×m/s^2

测量

时间

秒表和时钟都可以用来测量时间。秒、分、小时、日和年都是时间的单位。

试一试　用秒表计时。

1. 准备一杯水和一片泡腾片。
2. 把泡腾片放入水中，泡腾片接触到水即启动秒表计时。
3. 当泡腾片完全溶解时，停止计时。记录表上的时间。

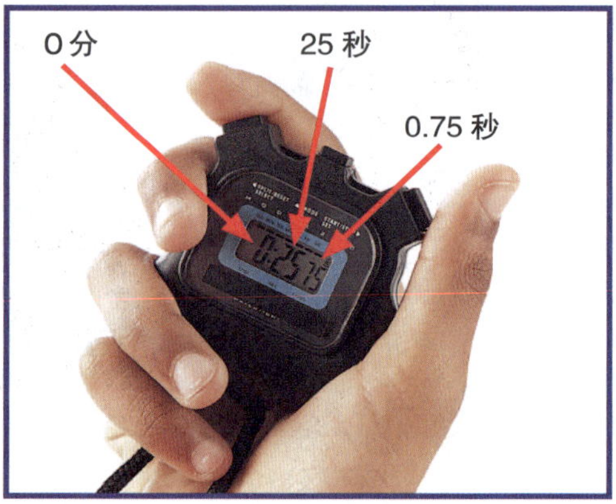

▲按下秒表右上角的按钮开始计时，再按一次停止计时。

长度

尺子、卷尺和米尺都可以用来测量长度。你可以用米来做单位，较小的单位如分米、厘米，较大的单位如千米。

仔细观察下面这把尺子。每个数字代表 1 厘米。1 米等于 100 厘米。每个数字之间有 10 条竖线，每条线之间的距离是 1 毫米，1 厘米等于 10 毫米。

试一试　用尺子测量长度。

把尺子放在桌上，把铅笔和尺子上的“0”对齐，以厘米为单位。

◀这条毛毛虫的长度是 3 厘米。

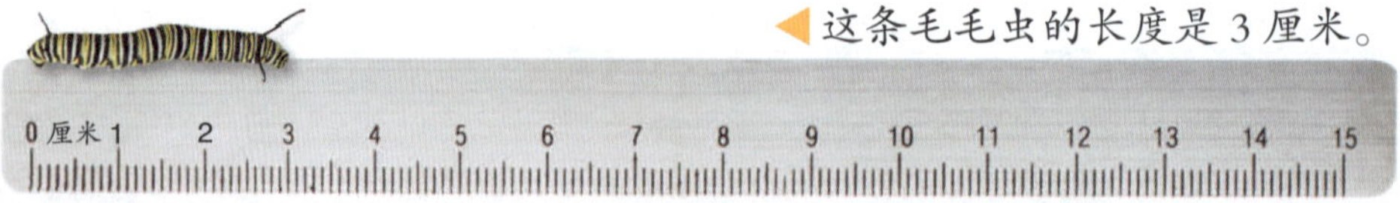

液体体积

体积是物体所占空间的大小。烧杯、量杯和量筒都可以用来测量液体的体积。这些容器的单位是毫升。

试一试　用量筒测量液体体积。

1. 收集一些形状和大小不同的空塑料容器。
2. 用一个量筒来测量每个容器能容纳的水量。首先，将量筒注满水，然后将水倒入容器中。一直倒，直到容器装满水，记录下量筒中减少的水量。

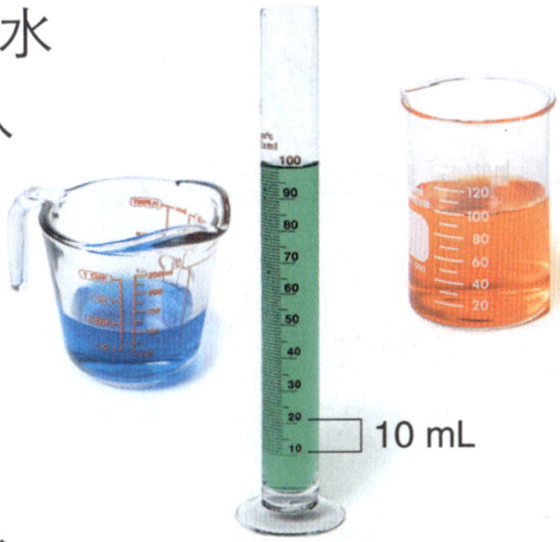

▲这个量筒最多能测量100毫升的液体。每个数字之间相差10毫升。

质量

质量可以表示某个物体拥有物质的多少。天平可以用来测量质量。要想知道某物体的质量，你需要把它与已知质量的物体进行比较。人们常用的质量计量单位是“克”。

试一试　用天平测量质量。

1. 把一盒蜡笔放在天平的一端。
2. 把砝码放在另一端，逐渐增加砝码，使天平平衡。
3. 把砝码数量加起来就是这盒蜡笔的质量。

测　量

重力/力

弹簧测力计可以用来测量重力。物体具有重力，是因为地球在向下拉物体。因此，重力就是一种力。像所有的力一样，重力的单位是牛顿（N）。

试一试　**用弹簧测力计测量物体的重力。**

1. 取出弹簧测力计，在底部的钩子上挂上一个小物体。
2. 轻轻地把手从物体上移开，等弹簧测力计指针静止为止。
3. 观察上面的读数。这个读数就是这个物体的重力。

温度

温度是指物体的冷热程度，它可以用温度计来测量。摄氏度（℃）是目前世界上使用较为广泛的温度单位。

试一试　**用温度计测量温度。**

1. 把烧杯装满冰水，然后把温度计插入冰水中。
2. 等待几分钟。读出温度计内红色液体顶端旁边的数字，这就是这杯水的温度。
3. 用热水重复以上步骤。

温度计上既标有华氏温度，也标有摄氏温度。

科学工具

显微镜

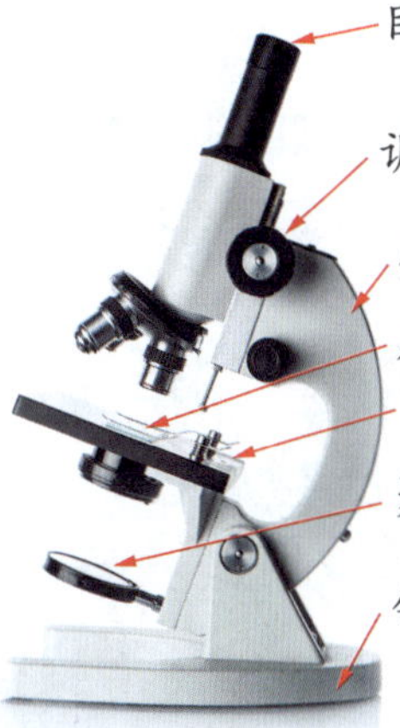

显微镜是一种能“放大”微小的物体，使人更容易观察的设备。显微镜能将物体放大成百上千倍。右图展示的就是一台显微镜。图中也标出了显微镜的各个组成部分。

试一试 **用显微镜检查盐粒。**

1. 调节显微镜底部的聚光镜，让它把光反射到载物台上。⚠**小心！切勿把聚光镜对准强光或太阳，这会对眼睛造成永久性伤害。**
2. 在载玻片上放上几粒盐，把载玻片夹在压片夹下面，确保盐粒位于载物台小孔的正上方。
3. 透过目镜观察盐粒。慢慢调节调焦螺旋，直至能看清盐粒。把你看见的画面画下来。

放大镜

放大镜是另一种可以放大物体以帮助观察的工具。虽然没有显微镜的功能强大，但是放大镜仍然可以帮助你看清物体的细节，而这些细节单凭眼睛是没法看到的。

试一试 **用放大镜观察小石块。**

1. 仔细观察小石块。为你的小石块画一幅“肖像画”吧。
2. 用放大镜观察小石块，这样就能够看清楚小石块表面的细节了。
3. 在你的画上加上你刚才没有看到的细节。

科学工具

计算器

有时在实验中，你必须对数字进行加、减、乘、除运算。这个时候就需要用到计算器了。

试一试　把华氏度（℉）转换为摄氏度（℃）。

212 华氏度时，水开了。用计算器把华氏度转化为摄氏度。

1. 按下 ON 键，输入 212。
2. 输入 − 32。
3. 输入 ×5。
4. 最后，输入 ÷9，按下 =。输出的数字就是转换成的摄氏度。

现在，把100华氏度转换为摄氏度吧。

照相机

在实验或自然研究中，照相机有助于观察和记录事物随时间发生的变化。有些变化发生得非常快或非常慢，仅凭肉眼很难观察到，这个时候我们可以借助照相机来记录下这些变化。通过研究照片可以帮助我们了解，在一段时间内到底发生了什么。

试一试　用照相机收集数据。

下面的照片展示了一只熊猫出生 8 天后的样子和成长了几个月后的样子。你注意到了什么？熊猫在这几个月里发生了什么变化？现在想一下其他随时间变化的东西。照相机需要在成人的指导下使用。尝试多拍几张照片，然后比较你拍到的照片。

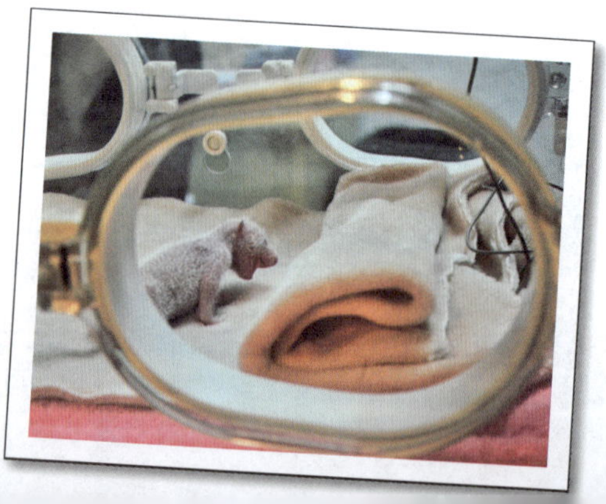

电脑

电脑有多种用途。你可以用电脑从 CD 或 DVD 中读取信息，也可以用电脑写报告、展示信息。

互联网把你的电脑和世界各地的电脑连接在一起，所以你可以收集各种各样的信息。使用互联网时，请只访问安全可靠的网站，可以寻求教师或者家长的帮助。你在上网时，不要泄露自己的相关信息。

试一试 用电脑做研究。

1. 选择一个地方来进行研究。然后利用互联网了解这个地方。这个地方位于世界的哪里？这个地方的气候如何？有什么样的动植物？
2. 使用 DVD 或图书馆的其他资源，了解这个地方的更多信息。
3. 用电脑写一份关于这个地方的报告。

整理数据

制图

地图

地图是能反映一个地区概况的图画。许多地图在边缘标示有数字和字母。字母和数字能帮助你迅速找到位置。例如，图书馆位于下图中的 D7。为了找到它，将一根手指放在地图左边的 D 上，另一根手指放在顶端的 7 上，手指朝右朝下移动，直到相遇。现在试试找找 G3，那里是什么地方？

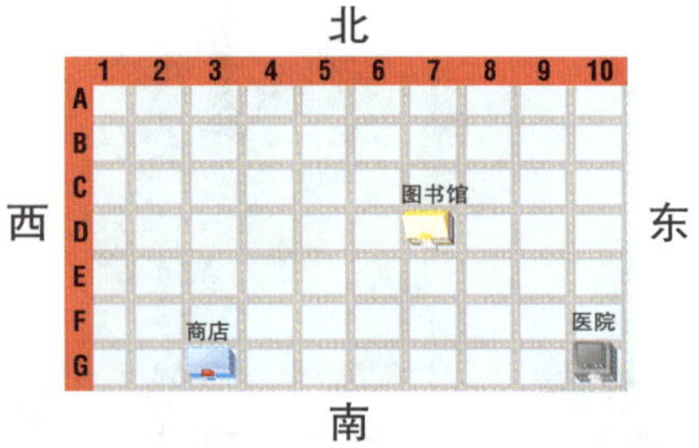

试一试 制作一幅地图。

为你的社区画一幅地图吧。这张地图应该包括你家附近的公园和你的学校。在顶端和侧面标上数字和字母。用指南针找到北方，然后在地图上标出北方。

概念图

左下方的地图表示各个地方之间的联系。概念图展示的是概念与概念之间的关系。概念图可以帮助你组织关于某一个主题的相关信息。

观察下面的概念图。它将水的概念联系了起来。这张图显示，地球上的水可以分为淡水和咸水，淡水有四种资源，也可以看到河流和咸水之间没有联系。也就是说，河里流动的是淡水。

试一试 制作一张概念图。

为你正在学习的科学主题制作一张概念图。这张图里要有词语或句子。按照合适的方式排列概念图，以帮助你理解概念之间的联系。

制作概览表

概览表可以用于记录和整理实验过程中收集到的信息，便于分析信息。在概览表中，你可以固定每一列内容来组织数据，也可以固定每一行内容来组织数据，但是不能同时用行和列来组织数据。右面这张概览表就是固定列内容来组织数据的：第一列列出了生物，第二列列出了非生物。

试一试 将数据组织到概览表中。

在班里做个调查，了解每位同学最喜欢的宠物，制作一个概览表来展示你收集到的信息。你觉得这张概览表里每行或每列的内容应该各代表什么？

生物	非生物
树	岩石
老鼠	水坑
鸟	云

制作表格

表格可以组织数据或信息，它有行和列。

下表显示了一些矿物的性质。表中哪种矿物有金属光泽？哪种矿物是白色的？

试一试 用表格组织数据。

从教师那儿拿一些矿物。观察每种矿物的性质，制作一个如下表所示的表格。使用相同的列标题，记录每种矿物的性质。

矿物的性质

	硬度	光泽	颜色	其他
黄铁矿	6～6.5	金属的	浅黄铜色	又称为“愚人金”
石英	7	非金属的	无色，白色、黑色、褐色、紫色、棕色	
云母	2～3	非金属的	白色、黑色、绿色、金色、红色	
长石	6～6.5	非金属的	无色，白色、黄色、绿色、灰色、黑色、粉红色	
方解石	3	非金属的	无色，蓝色、黄色	遇稀盐酸剧烈反应生成气泡

制作图表

图表有助于组织数据，图表使人更容易发现信息的趋势和规律。图表有多种类型。

条形图

条形图用条形来展示数据。如果想为你的城市找到最热和最冷的月份，你该怎么做？在报纸或网上，你能找到每个月的平均气温。用竖条的高度来表示温度，这样容易进行比较。

月份	平均气温
一月	6℃
二月	8℃
三月	10℃
四月	13℃
五月	16℃
六月	19℃
七月	22℃
八月	20℃
九月	19℃
十月	14℃
十一月	9℃
十二月	7℃

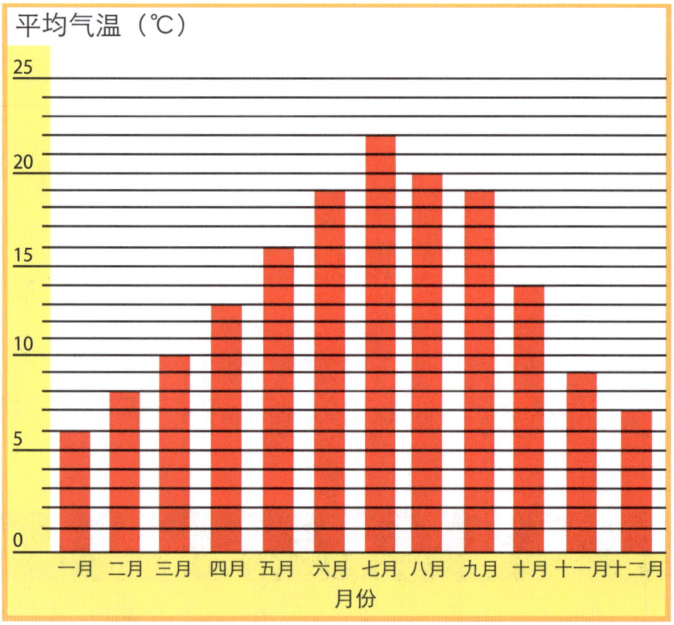

1. 四月的平均气温是多少？把手指放在四月对应竖条的顶部向左移至纵坐标轴就能找到那个月的平均气温。
2. 找出图上的最高的竖条，你就找到了平均气温最高的月份，这是几月？这个月平均气温是多少？
3. 根据这张条形图，从一月到十二月，气温有什么变化？

象形图

象形图用符号或图案来表示信息。在统计了你家人每天的用水量之后，你该如何将你收集到的数据展示给家人看呢？

每日用水量（单位：升）	
饮用	10
淋浴	100
泡澡	120
刷牙	40
洗碗	80
洗手	30
洗衣物	160
冲洗厕所	50

你可以将这些信息组织成象形图。在下面的象形图中，每个桶代表 20 升水。半桶代表 10 升水。

1. 什么活动用水量最大？
2. 什么活动用水量最小？

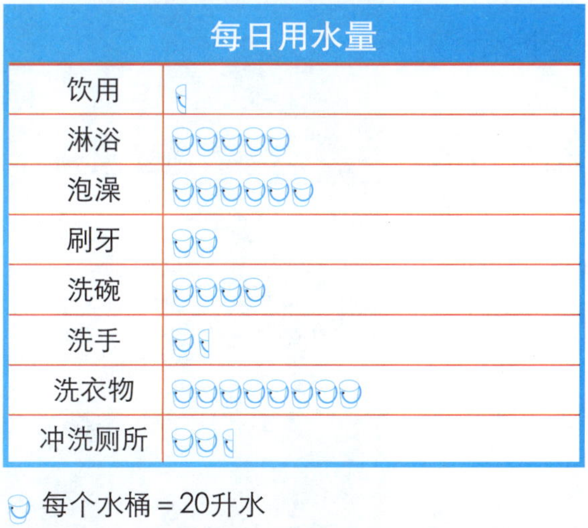

折线图

折线图可以展示出随着时间的变化出现的变化。如果在实验中收集了每天从早上到中午的气温变化，你打算怎样展示收集到的这些数据呢？

时间	气温（单位：℃）
6 A.M.	10
7 A.M.	12
8 A.M.	14
9 A.M.	16
10 A.M.	18
11 A.M.	20

可以按照以下的步骤，用折线图来组织你的数据。

1. 在图的底部和侧面画出比例尺，写下横轴名和竖轴名。
2. 将每小时测量的气温画到图上。
3. 把这些点依次连接起来。
4. 看图，你觉得每天上午的气温是怎样随着时间的变化而变化的？

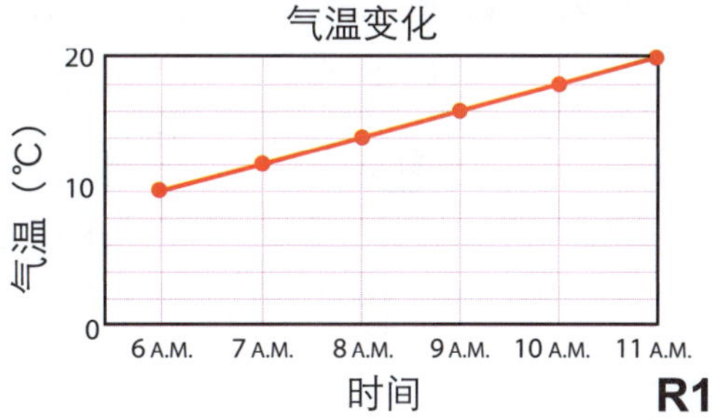

骨骼系统

摸摸你的手肘、手腕和手指，那些硬硬的部分是什么？骨头！身体里的各块骨头彼此相连，构成了骨骼系统。骨骼系统是众多人体系统之一。人体系统协调合作，使人体内各种复杂的生命活动能够正常进行。

成人有 206 块骨头。每块骨头都有其特殊的功能——长而结实的腿骨支撑着身体的重量，头骨保护大脑，髋骨有助运动。多亏骨头们的通力合作，我们才能保持身体的活力和健康。

- **骨骼支撑着身体，保持着身体形状。**
- **骨骼保护着大脑等身体的器官。**
- **骨骼和肌肉共同工作，让我们可以自由运动。**
- **骨骼储存矿物质，并为身体产生血液。**

关节

关节是两块或两块以上骨头接合的地方，关节有三种主要类型：固定关节位于骨骼紧密接合不能移动的地方，头骨的 29 块骨头就是靠固定关节相连接的；部分活动关节相连接的骨头可以发生轻微的位移，肋骨和胸骨就是靠部分活动关节相连接的；像膝盖那样需要大量活动的地方，骨头和骨头之间靠活动关节相连接——这样的连接可以让我们活动自如。

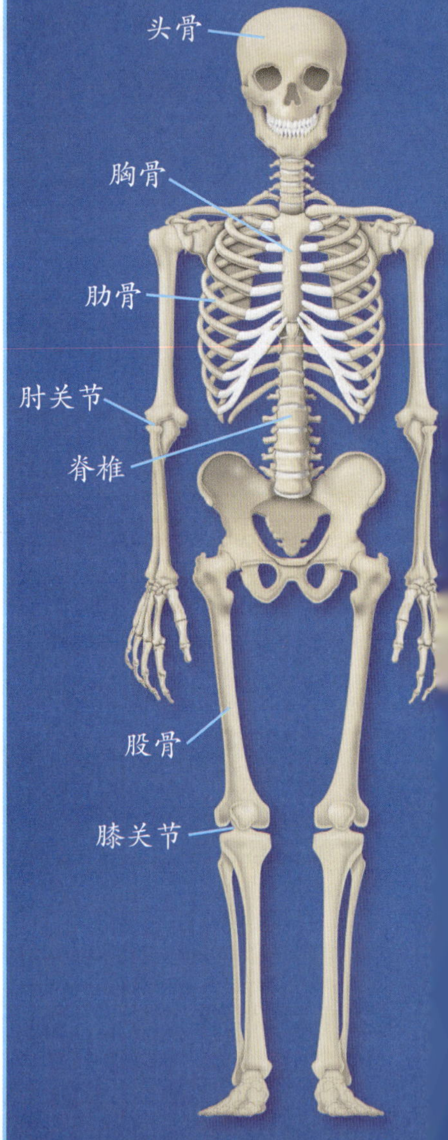

肌肉系统

身体里所有的肌肉组成了肌肉系统。肌肉帮助身体运动。没有肌肉，你就不能跑步、微笑、呼吸，甚至不能眨眼。

部分肌肉附着在骨骼和皮肤上，这些肌肉叫作骨骼肌。为了来回移动骨骼，骨骼肌通常成对运动——每一根骨头都由不同的肌肉向不同的方向牵引。当你想移动时，你的大脑会向一对骨骼肌发送信息，一块肌肉收缩（也就是变短），它牵拉骨头和皮肤移动，和它对应的另一块肌肉则放松（也就是变长）。

▲你的脸上有53块肌肉。微笑时，会用到其中12块。

◀当这个男孩屈肘时，他的肱二头肌收缩，肱三头肌放松。

有些肌肉甚至不用你命令就能工作。心脏也是由肌肉构成的，哪怕在睡觉的时候，心脏也可以源源不断地把血液输送至全身；肺部的平滑肌也不会停止工作，它会帮助你保持呼吸；胃部的平滑肌在这个时候也仍然会帮助你消化食物。

循环系统

人体细胞的生存离不开必要的氧气和营养物质。循环系统负责将这些物质输送到全身。心血管系统是循环系统的一部分，由心脏、血管和血液组成。富含氧气的血液从肺部流向心脏。心脏是一个拳头大小的器官，它每分钟跳动 70 ～ 90 次，将血液泵入血管。

血管是输送血液的管道。血管有两种主要类型：动脉是可以把血液从心脏输送到全身各地的血管，静脉则是把血液从身体各地输送回心脏的血管。

血液由血浆、红细胞、白细胞和血小板等组成。血浆是血液的重要组成部分，它负责携带细胞生长所必需的营养物质；红细胞则负责携带氧气。红细胞和血浆也会将二氧化碳等废物带离细胞。白细胞能帮助我们对抗疾病。当你受伤时，血小板可以防止流血过多。

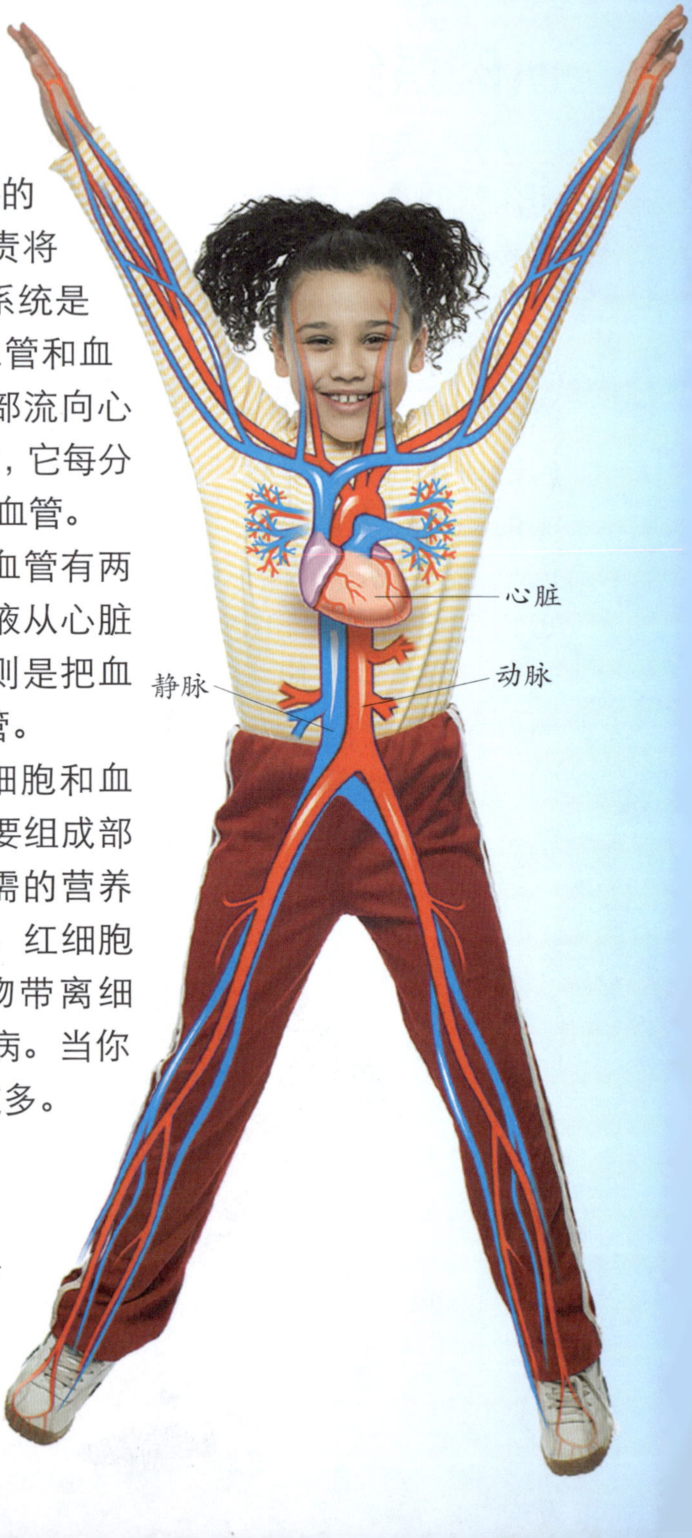

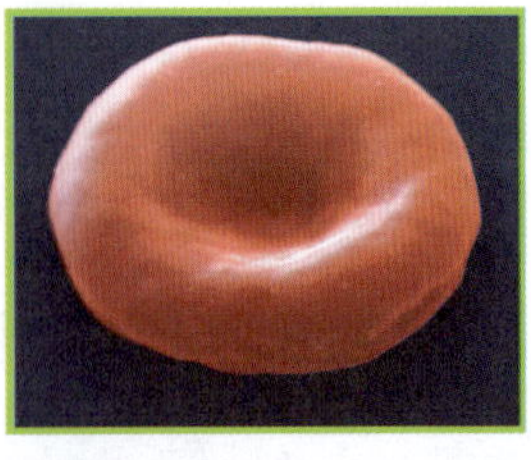

这是显微镜下的红细胞。

呼吸系统

呼吸系统帮助人体吸入氧气，呼出二氧化碳和水蒸气。体内的所有细胞都需要氧气才能正常工作。当你呼吸时，你从空气中吸入氧气。

每次呼吸时，位于腹部的一块叫作隔膜的肌肉会收缩，这就为肺部腾出了空气的空间。空气是通过鼻子或嘴巴进入你的身体的——鼻子和嘴巴都连接着喉咙，空气通过喉咙进入气管。

在胸部，气管分成两个支气管，每根管子通向一个肺。在每个肺内，支气管又分成更小的细支气管。在每个细支气管的末端有数百万个微小的气囊。在这里，红细胞释放二氧化碳（一种废气），并吸收氧气。当你呼气时，隔膜放松，这会让肺部收缩，通过鼻子和嘴巴将二氧化碳排出体外。

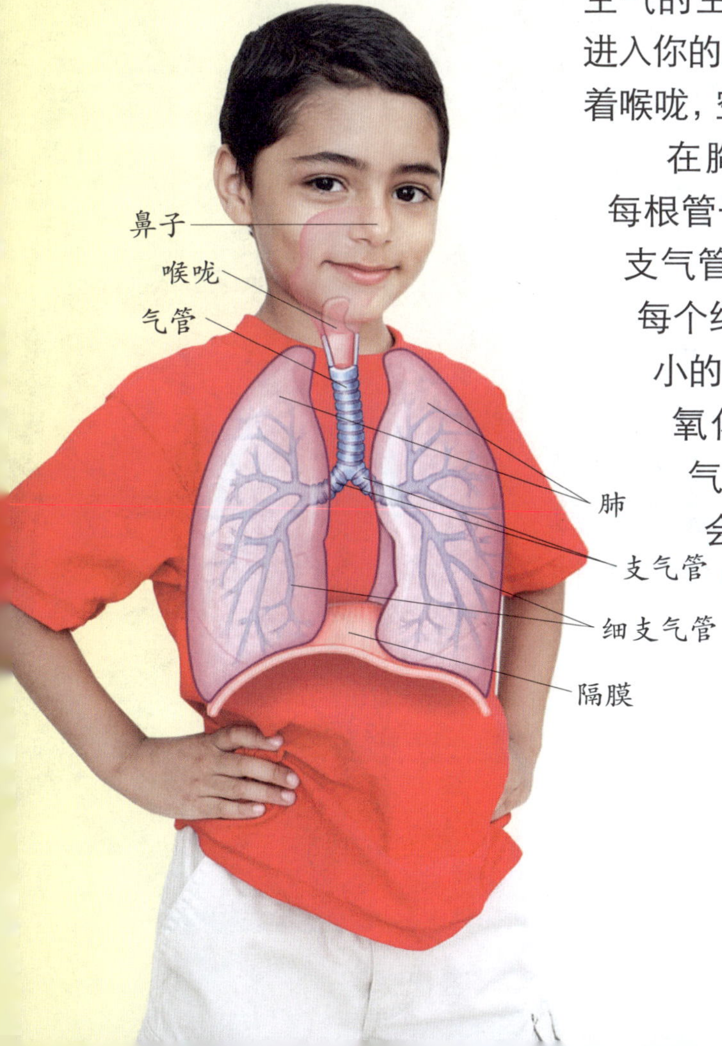

消化系统

消化系统负责将食物分解成人体可以利用的营养物质。从你把食物放进嘴巴的那一刻起，消化过程就开始了：咀嚼可以把食物切成小块，并用唾液将其湿润；唾液有助于食物在吞咽时顺畅地流动；食物沿着食管进入胃中。

在胃里，食物和强酸性的胃酸混合在一起，胃酸可以促进食物进一步被分解，使身体更容易从食物中吸收营养物质。

食物经胃进入小肠。小肠是人体消化食物并吸收营养物质的地方。紧密盘绕着的小肠是一根大约 6 米长的细管。在食物通过小肠的过程中，食物被分解，营养物质被吸收到血液中，然后血液将这些营养物质输送到身体的其他部位。

消化过后的食物从小肠进入大肠。大肠从剩余的食物残渣中吸收水分，然后将这些食物残渣作为废物排出体外。

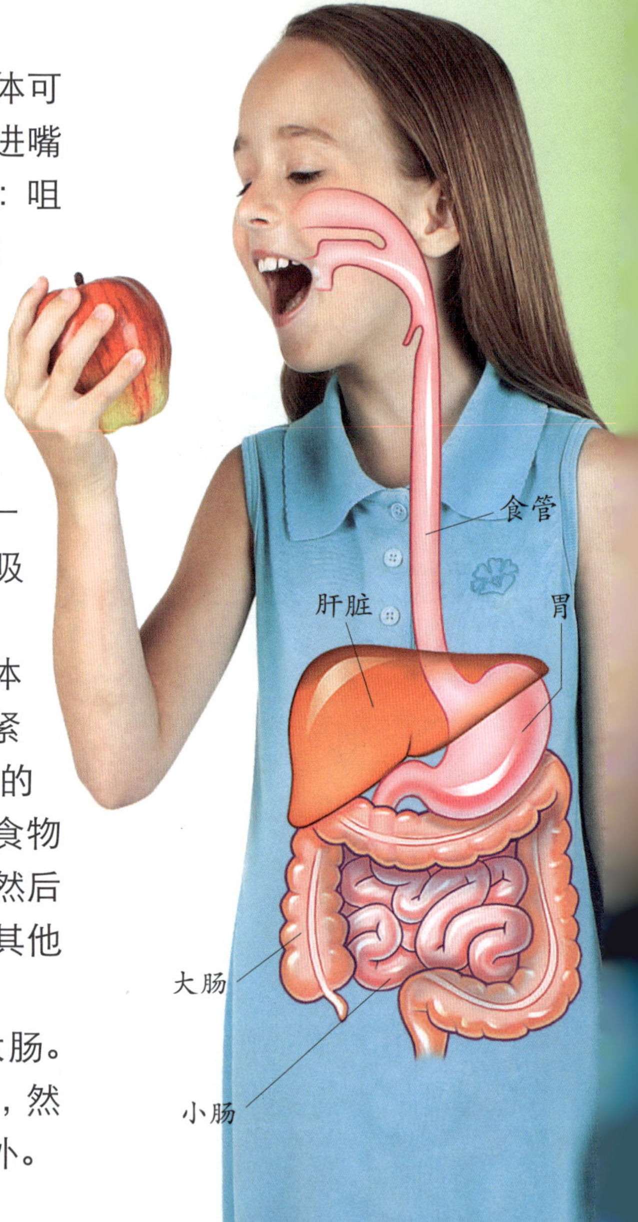

排泄系统

排泄系统帮助排出细胞中的废弃物。废弃物是身体不需要的物质，如多余的水和无机盐。肝脏、肾脏、膀胱、皮肤都是排泄系统的组成部分。

肝脏、肾脏和膀胱

肝脏过滤血液中的废弃物，它将废弃物转化为一种叫作尿素的化学物质，并将尿素输送到肾脏。肾脏将尿素转化为尿液的一部分。尿液从肾脏流向膀胱。尿液储存在膀胱中，最后通过尿道排出体外。

皮肤

人出汗时，皮肤就在参与排泄。汗腺在皮肤的内层产生汗液。汗水通过皮肤的外层释放出来。流汗使我们的身体温度常年保持在 37℃左右。

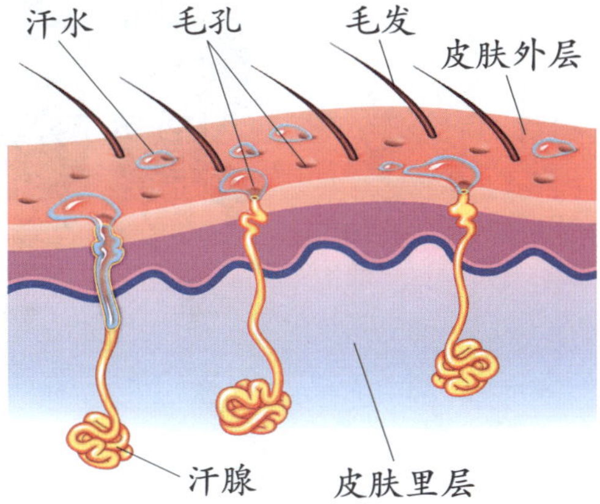

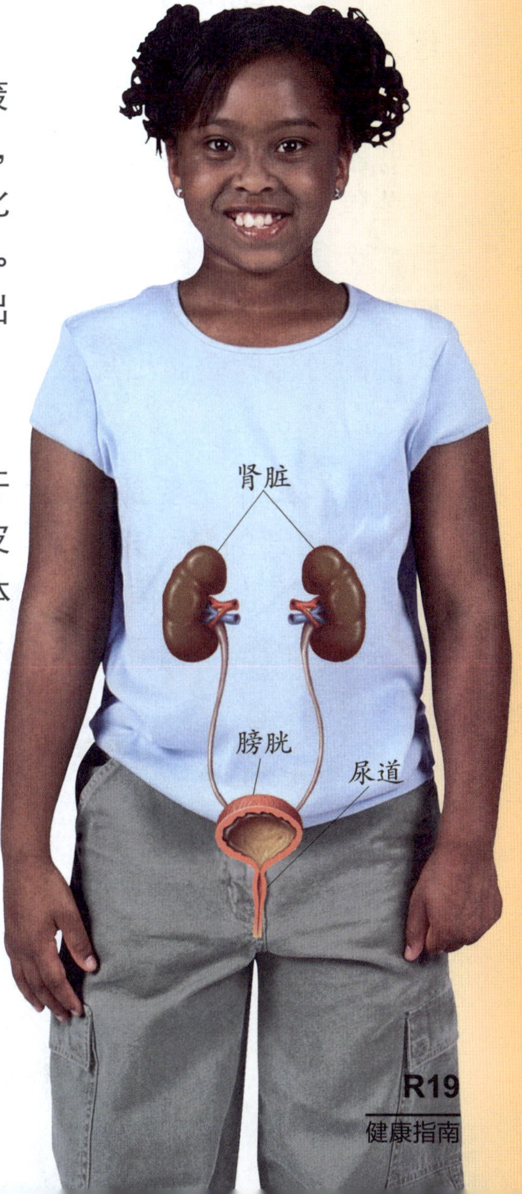

神经系统

神经系统负责接收和回应信息，它控制着肌肉，帮助身体平衡，让人思考、感觉，甚至做梦。

神经系统由两个主要部分组成：第一部分，中枢神经系统，由脑和脊髓组成；所有其他的神经组成第二部分，即周围神经系统。周围神经系统的神经接收来自身体细胞的感觉信息，并通过脊髓将这些信息传给大脑。当大脑接收到这些信息后，就会决定身体该做什么反应。之后，大脑发出信息，并通过脊髓传递回神经，然后我们的身体就会做出反应。

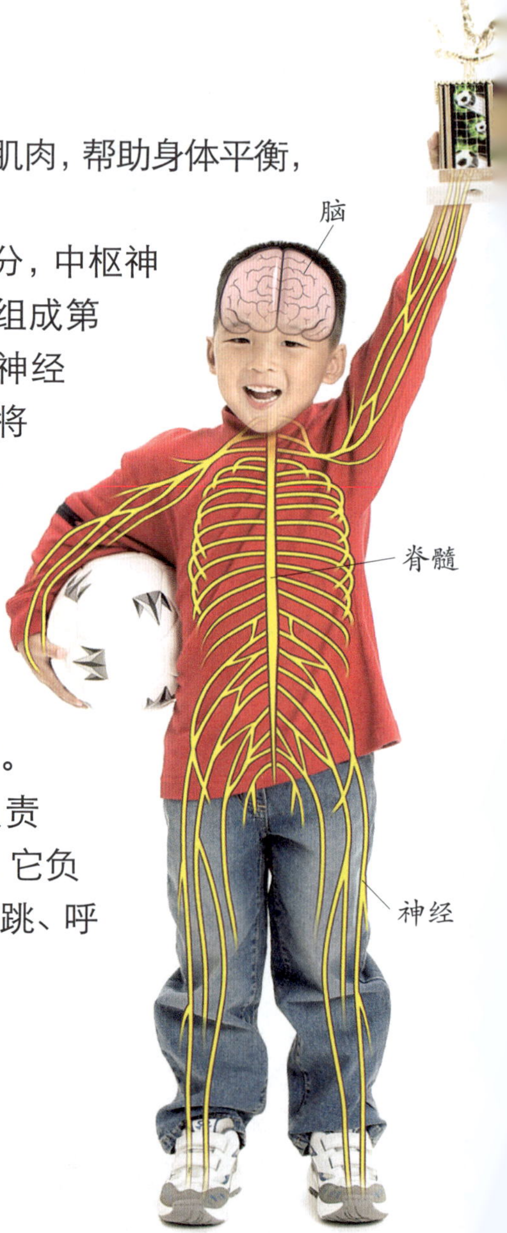

脑

脑有三个主要部分：大脑、小脑和脑干。大脑是脑部的最大部分，它储存记忆，并负责处理感官接收到的信息；小脑控制身体平衡，它负责指导骨骼肌；脑干与脊髓相连，它控制心跳、呼吸和血压。

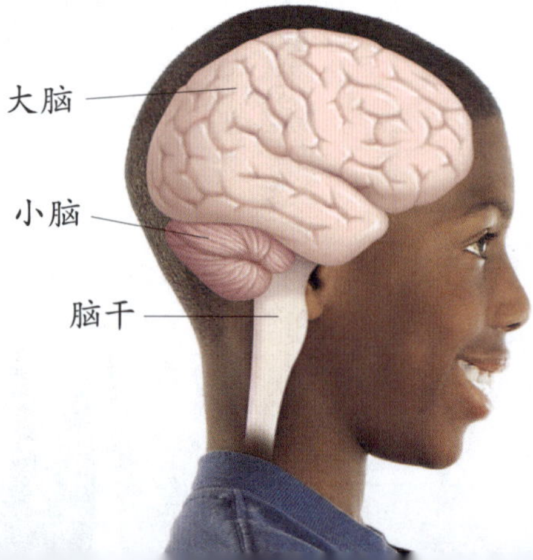

神经

人体通过不同的神经从环境中获取信息——神经负责身体的视觉、听觉、嗅觉、味觉和触觉。

视觉

光从物体（如叶子）反射到眼部，通过虹膜中的瞳孔进入眼睛。眼睛里的细胞把光转变成电信号，电信号通过视觉神经被传递到大脑。

听觉

声波进入外耳，到达鼓膜并使其振动。耳朵里的细胞把鼓膜的震动转换成电信号，这些信号沿着听觉神经传到大脑。

嗅觉

呼吸时，空气中的化学物质与鼻子上部的黏液混合在一起。当它们到达鼻子中的特定细胞时，这些细胞就会沿着嗅觉神经向大脑发送信息。

味觉

舌头上有一万多个小疙瘩，这些疙瘩叫作味蕾。每个味蕾都有五种主要的味觉——酸、甜、苦、咸、鲜。味蕾通过神经向大脑发送信息。

触觉

皮肤上遍布的神经细胞会给身体带来触觉。它们帮助人们区分冷、热，干、湿，软、硬等，每个细胞都将信息发送到脊髓，脊髓再将信息发送到大脑。

免疫系统

免疫系统保护身体不受细菌的侵害。大多数疾病和感染都是由细菌引起的，而免疫系统能够阻止细菌进入人体。皮肤、眼泪和唾液都是免疫系统的组成部分，它们的作用是杀死细菌并使其远离人体。

当细菌进入我们的身体时，白细胞会试图杀死它们。白细胞是血液的一部分，它们可以在血管和淋巴管之间穿梭。淋巴管类似于血管，但是它里面流淌的不是血液，而是一种叫作淋巴的液体。淋巴结中有大量的白细胞。在那里，它们可以过滤出有害物质。

遗憾的是白细胞的能力有限，不能在细菌开始繁殖之前杀死所有的细菌。如果白细胞不能及时阻止细菌的繁殖，你就会感到不舒服。这时候，免疫系统里的其他组成部分也会被调动起来去对抗细菌，直到你恢复健康。

显微镜下的白细胞。▶

病毒和细菌

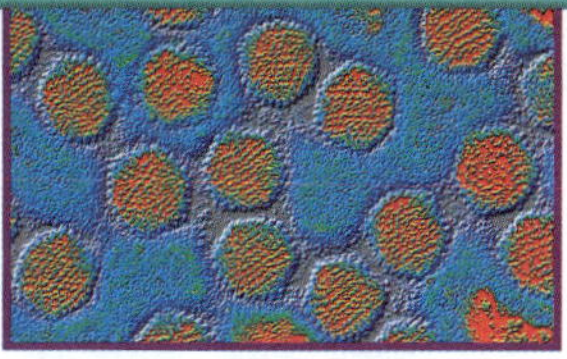

▲电子显微镜下的流感病毒。

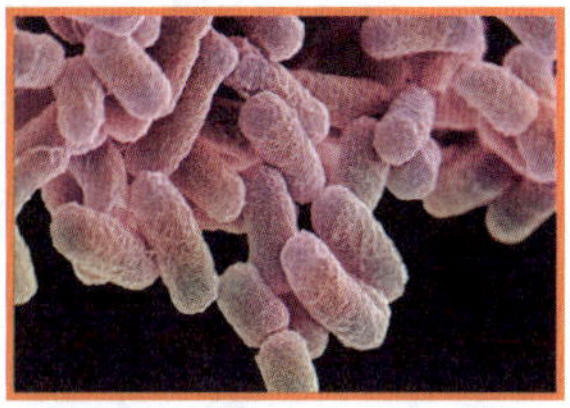

▲电子显微镜下的大肠杆菌。

导致人体生病的元凶之一是病毒。流感就是由病毒引起的。病毒还可能引起许多比流感严重得多的疾病。病毒本身很小——事实上，病毒小到甚至不能用普通的显微镜来观察它。我们需要借助一种特殊的设备才能看到病毒。这种设备叫作电子显微镜。

病毒需要生活在活细胞内部，这样的活细胞称为病毒的宿主。当病毒繁殖时，它们从宿主那里获取营养和能量，并可能产生有害物质，使身体发痒或发烧。

细菌也能使人生病。细菌是微小的单细胞生物，它们可以生活在大多数细胞表面，并能够在细胞外繁殖。有些细菌会对身体产生有害影响，然而，有些细菌对身体是有益的，例如，体内的一些细菌可以帮助消化食物。

要想帮助身体抵御细菌和病毒，以下是你能做的事情：

▶ 健康饮食。这有助于身体获得保持健康所需的营养。健康的身体能更好地抵抗细菌和病毒。

▶ 坚持锻炼。坚持锻炼让你的身体更强壮，强壮的身体能更好地抵抗细菌和病毒。

▶ 每年做一次体检。确保你接种了合适的疫苗。服药时，请谨遵医嘱。

▶ 保证充足的休息。你每晚需要10小时的睡眠时间。睡眠有助于修复你的身体。生病时更需要多休息。

▶ 不要与他人共用杯子和餐具。细菌可以附着在你接触的物体上。勤洗手，尤其是在吃东西和喝水前。通过洗手，你可以杀死细菌，让有害物质更难进入身体。

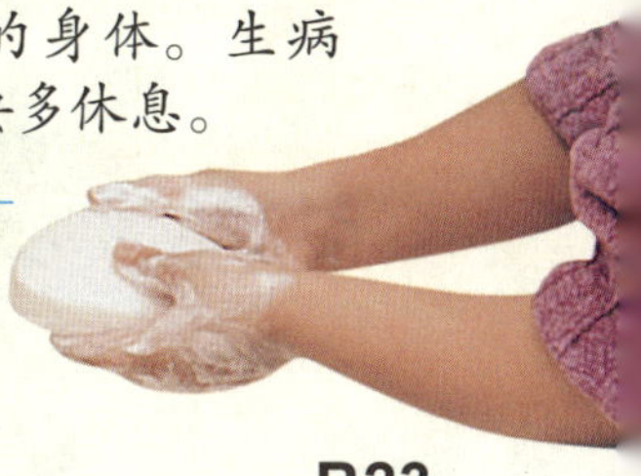

营养物质

营养物质是食物中可以帮助身体生长，为身体提供能量并能帮助我们保持健康的物质。正确平衡地选择饮食，身体才会得到所有所需的营养。

营养物质可以分为七大类：碳水化合物、维生素、矿物质、蛋白质、水、脂肪和膳食纤维。每种营养物质都对身体有帮助。

碳水化合物

碳水化合物是能量的主要来源。淀粉是碳水化合物。面包、面条和各种谷类食品都富含淀粉。这一类食物可以为我们的身体提供能量。水果也富含碳水化合物。所以多吃水果也可以为我们的身体提供必要的能量。

碳水化合物

维生素

维生素有助于保持身体健康，有助于体内生成新的细胞。下表罗列了一些维生素的功能及其来源。

维生素	来源	益处
A	牛奶、水果、胡萝卜、绿色蔬菜	保持眼睛、牙齿、牙龈和头发的健康
C	橘子、橙子、草莓、番茄	帮助保持心脏、细胞和肌肉的健康
D	牛奶、鱼、蛋	帮助保持牙齿和骨骼强壮

矿物质

矿物质有助于形成新的骨骼和血液细胞。它们还能帮助肌肉和神经系统正常工作。下表罗列了一些矿物质的功能及其来源。

矿物质	来源	益处
钙	酸奶、牛奶、奶酪、绿色蔬菜	强健牙齿和骨骼
铁	肉类、豆类、鱼类、谷物	帮助红细胞维持功能
锌	肉、鱼、鸡蛋	帮助身体成长和恢复

脂肪

脂肪能帮助身体高效地利用其他营养物质并储存维生素。因此，脂肪可以帮助身体细胞正常工作。脂肪还可以帮助身体保持温暖。肉类、蛋类、牛奶、黄油和坚果都富含脂肪。食用油也含有脂肪。虽然脂肪对身体是有益的，但脂肪摄入过多也会引起健康问题。

脂肪

水

水是重要的营养物质之一，人体中水的质量约占人体总质量的三分之二！细胞的大部分成分是水。水可以帮助身体排出废物、保护关节，它还能防止体温过高。

蛋白质

每一个活细胞里都有蛋白质。蛋白质不仅有助于骨骼和肌肉生长，还能帮助免疫系统对抗疾病。高蛋白的食物有牛奶、鸡蛋、肉、鱼、坚果和奶酪。

蛋白质

膳食纤维

膳食纤维是指不能被人体消化吸收的多糖类及木植素。

在消化系统中，膳食纤维有吸收水分的作用；能增加肠道及胃内的食物体积，可增加饱腹感；又能促进肠胃蠕动，可舒解便秘；同时膳食纤维也能吸附肠道中的有害物质以便排出；还可以改善肠道菌群，为益生菌的增殖提供能量和营养。

蔬菜、水果、粗粮、杂粮、豆类以及菌类食物中富含膳食纤维。

保持健康

食物金字塔

你可以把食物金字塔作为健康饮食的指南。食物金字塔会告诉你五组食物群中，每天每一组食物群的食物应该吃多少。所谓食物群，是指一类营养成分类似的食物。我们要多吃金字塔中底部较大部分的食物，少吃金字塔顶部较小部分的食物。

远离烟酒

不要吸烟、吸毒或饮酒。这些东西都会伤害你的身体，阻碍身体健康成长。

健康运动

每天需要运动至少 60 分钟。运动会使身体变得更健康。身体健康时，心脏、肺、骨头、关节和肌肉才会强壮。保持健康的体重，可以降低患病的风险。

不一定非要参加足球队才能保持健康——只需要多多运动，跑步、骑自行车和游泳都是锻炼身体的方式。

科学启蒙（第二版）生物 ③

McGraw-Hill Education
Science A Closer Look
Living Things
978-0-02-136121-2

浙江省版权局著作权合同登记号：11-2018-537

图书在版编目（CIP）数据

科学启蒙：第二版. 生物. ③ /（美）杰伊·哈克特等著；张俊等译. -- 杭州：浙江教育出版社，2019.12(2022.8重印)
ISBN 978-7-5536-9714-7

Ⅰ. ①科… Ⅱ. ①杰… ②张… Ⅲ. ①科学知识—少年读物②生物—少年读物 Ⅳ. ①Z228.1②Q-49

中国版本图书馆CIP数据核字(2019)第274268号

科学启蒙（第二版）
KEXUE QIMENG (DI ER BAN)
生物 ③
SHENGWU 3

出版发行 浙江教育出版社（杭州市天目山路40号 电话：0571-85170300-80928）
原 著 名 SCIENCE A CLOSER LOOK
LIVING THINGS
翻　　译 张　俊　邓小耶　沈聪聪
审　　定 郝京华
图片来源 海洛创意
责任编辑 徐荆舒
封面设计 韩　波
责任校对 赵英梅
责任印务 沈久凌

图文制作 杭州兴邦电子印务有限公司
印　　刷 杭州富春印务有限公司
开　　本 787mm×960mm 1/16
印　　张 9.25
字　　数 185 000
版　　次 2019年12月第1版
印　　次 2022年8月第4次印刷
标准书号 ISBN 978-7-5536-9714-7
定　　价 32.00元